Ihre Arbeitshilfen zum Download:

Die folgenden Arbeitshilfen stehen für Sie zum Download bereit:

Übungen:
- Übungen für Gruppendiskussionen
- Übungen für Kunden- und Verhandlungsgespräche
- Übungen für Mitarbeitergespräche

Den Link sowie Ihren Zugangscode finden Sie am Buchanfang.

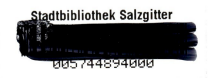

Assessment Center

Jasmin Hagmann

Assessment Center

Jasmin Hagmann

1. Auflage

Haufe Gruppe
Freiburg · München

Bibliografische Information der Deutschen Nationalbibliothek
Die Deutsche Nationalbibliothek verzeichnet diese Publikation in der Deutschen
Nationalbibliografie; detaillierte bibliografische Daten sind im Internet über
http://dnb.dnb.de abrufbar.

Print	ISBN: 978-3-648-06581-5	Bestell-Nr. 05237-0001
EPUB	ISBN: 978-3-648-06582-2	Bestell-Nr. 05237-0100
EPDF	ISBN: 978-3-648-06583-9	Bestell-Nr. 05237-0150

Jasmin Hagmann
Assessment Center
1. Auflage 2015

© 2015 Haufe-Lexware GmbH & Co. KG, Freiburg
www.haufe.de
info@haufe.de
Produktmanagement: Jasmin Jallad

Lektorat: Cornelia Rüping
Satz: kühn & weyh Software GmbH, Satz und Medien, 79110 Freiburg
Umschlag: RED GmbH, 82152 Krailling
Druck: BELTZ Bad Langensalza GmbH, 99947 Bad Langensalza

Inhaltsverzeichnis

Inhaltsverzeichnis

Inhaltsverzeichnis

Vorwort

Das Assessment Center (AC) gilt als eines der schwierigsten und härtesten Personalauswahlverfahren. Schon allein deshalb fürchten sich viele Berufsanfänger davor. In der Regel werden Hochschulabsolventen eingeladen, doch auch Berufserfahrene fühlen sich bei dem Gedanken nicht gerade wohl, sich den Prüfungen und Aufgaben eines Assessment Centers unterziehen zu müssen.

Möchte man allerdings in bestimmten Branchen Karriere machen und gewisse Positionen besetzen, kommt man um das Assessment Center nur schwer herum. Denn als Personalauswahlverfahren hat es sich in vielen deutschen Unternehmen inzwischen etabliert, auch wenn es in manchen Fällen nicht offensichtlich als Assessment Center deklariert ist. Freuen Sie sich also nicht zu früh, wenn Sie zu einem Development Center, einem Bewerbertag oder einem Potenzialanalyse-Seminar eingeladen werden. In den meisten Fällen erwartet Sie ein Assessment Center oder ein vergleichbares Auswahlverfahren. Wer sich darauf gründlich und intensiv vorbereitet, ist auf jeden Fall klar im Vorteil.

Sie können davon ausgehen, dass man Ihnen im Assessment Center nichts Böses will. Im Gegenteil. Die Unternehmen sind auf der Suche nach Mitarbeitern, Nachwuchsführungskräften und Führungspersonal. Auf der Suche nach Ihnen! Wenn Sie also zu einem Assessment Center eingeladen werden, haben Sie schon einen Teilerfolg zu verbuchen, denn Sie haben den potenziellen Arbeitgeber von Ihren fachlichen Qualifikationen bereits überzeugen können. Sinn und Zweck des Assessment Centers ist es, nun Ihre Stärken, Ihre sozialen Kompetenzen herauszufinden und mit den Anforderungen des Unternehmens abzugleichen. Die Suche nach Ihren Schwächen steht erst einmal nicht im Vordergrund.

Eine gute und solide Vorbereitung und das Wissen darüber, was im Assessment Center entscheidend ist und was geprüft wird, sind das A und O. Dieses Buch soll Sie dabei unterstützen und Ihnen zeigen, worauf es ankommt, wie Sie die einzelnen Übungen erfolgreich absolvieren und sich mit weniger Angst ins Abenteuer Assessment Center stürzen können.

Januar 2015

Jasmin Hagmann

1 Einsatzgebiete fürs Assessment Center

Das Assessment Center (AC) ist ein Personalauswahlverfahren, das vor allem bei Hochschulabsolventen, Nachwuchsführungskräften und Führungspersonal eingesetzt wird. Der Begriff selbst stammt zwar aus dem Englischen (to assess heißt beurteilen, bewerten, einschätzen etc.), seinen Ursprung hat das Assessment Center jedoch bei der deutschen Reichswehr nach dem ersten Weltkrieg. Das psychologische Forschungszentrum der Universität Berlin entwickelte damals eine Reihe von Tests für die Rekrutierung und Auswahl geeigneter Offiziersanwärter. Ziel war es seinerzeit, die Offiziere nicht mehr nach Herkunft, sondern nach Qualifikation und Persönlichkeit zu rekrutieren. Diese Zielrichtung ist bis heute geblieben.

Die damals entwickelten Tests und Aufgaben bilden die Grundlage für das heutige Assessment Center, auch wenn das Verfahren mit den Jahren weiterentwickelt und ausgebaut wurde, vor allem in den USA. Über England war das Auswahlverfahren im Zweiten Weltkrieg in die Vereinigten Staaten gelangt. In den 1960er und 1970er Jahren breitete sich das Assessment Center als Personalauswahlverfahren weltweit aus und wurde auch in Deutschland wieder vermehrt eingesetzt.

Trotz aller Weiterentwicklung und zahlreicher psychologischer Studien steht das Assessment Center im Feuer der Kritik. Dabei wird in erster Linie nicht kritisiert, dass es ein schlechtes Auswahlverfahren an sich sei. Es wird vielmehr beanstandet, dass das Verfahren die versprochenen Ansprüche bzw. Erwartungen nicht erfüllt und somit eine Trefferquote und Sicherheit suggeriert, die nicht unbedingt zutrifft.

Das Assessment Center hat inzwischen in viele deutsche Unternehmen Einzug gehalten. Das gilt vor allem dann, wenn sich die Arbeitgeber auf der Suche nach qualifizierten Bewerbern für das Führungsmanagement befinden und die fachliche Qualifikation nicht das alleinige Einstellungskriterium ist.

Assessment Center werden vor allem von großen und mittelständischen Unternehmen eingesetzt, kleinere Unternehmen greifen eher auf die klassischen Vorstellungsgespräche und eventuell einige schriftliche Tests zurück. Für sie sind die Kosten meist zu hoch, der Aufwand steht in keinem Verhältnis zum Nutzen. Assessment Center werden teilweise auch bei der Bundeswehr und im öffentlichen Dienst eingesetzt.

Einsatzgebiete fürs Assessment Center

Mithilfe eines Assessment Centers erhoffen sich Unternehmen, einen Blick auf die Kompetenzen der Bewerber werfen zu können, der über das fachliche Know-how hinausgeht. Angesichts der komplexen und anspruchsvollen Anforderungen an einen Mitarbeiter bzw. an Führungskräfte reicht heute die rein fachliche Qualifizierung nicht mehr aus. Auch im Bereich der sozialen Kompetenzen müssen die Bewerber einiges zu bieten haben, um den beruflichen Alltag erfolgreich meistern zu können.

Manche deutsche Unternehmen scheinen sich offiziell vom Assessment Center zu distanzieren. Doch wenn man sich die Einstellungs- bzw. Auswahlprozedere dieser Unternehmen genauer ansieht, enthalten sie zahlreiche klassische Elemente eines Assessment Centers. Lassen Sie sich also nicht in die Irre führen: Hinter vielen Auswahlverfahren verstecken sich zumindest klassische Teile eines Assessment Centers. Auch die Bewertung der Kandidaten erfolgt nach den gleichen Schwerpunkten und Richtlinien. Hier ein paar der alternativen Bezeichnungen, die Unternehmen nutzen:

- Recruiting-Workshop
- Personalauswahlverfahren
- Bewerberseminar, Bewerbertag
- Potenzialanalyse-Seminar
- Personal Decision Day
- Development Center
- Auswahlseminar

Sie können davon ausgehen, dass Sie bei zahlreichen Unternehmen auf ein Assessment Center stoßen werden, etwa bei:

- Accenture
- Audi
- BASF
- BMW
- Boston Consulting Group
- Capgemini
- Coca-Cola
- Daimler
- Deutsche Bank
- Edeka
- E.ON
- Ferrero
- Gerling

- Hochtief
- IBM
- Infineon
- JP Morgan
- Kaufhof
- Kienbaum
- Lidl
- Lufthansa
- Mannesmann
- MLP
- Neckermann
- Opel
- Otto-Versand

- Roche
- RWE
- SAP
- Shell
- Siemens
- Telekom
- Thyssen-Krupp
- T-Mobile
- Unilever
- VW
- Wacker Chemie
- Westdeutscher Rundfunk
- Xerox

2   Prüfungen im Assessment Center

Wenn Sie zu einem Assessment Center eingeladen werden, haben Sie bereits einen wichtigen Schritt hin zu Ihrem Traumjob geschafft und die erste Hürde im Auswahlverfahren genommen. Das bedeutet, dass das Unternehmen, bei dem Sie sich beworben haben, Ihnen die fachliche Bewältigung des Aufgabenbereichs zutraut. Nun möchte der potenzielle Arbeitgeber erfahren, ob Sie ihr Wissen auch anwenden können und die notwendige soziale Kompetenz, die sogenannten Soft Skills, für den Job mitbringen. Das betrifft folgende Eigenschaften.

Zwischenmenschliche Fähigkeiten

- Kommunikationsfähigkeit

- Überzeugungskraft

- Durchsetzungsvermögen

- Konflikt- und Problemlösungsfähigkeit

- Auftreten, Ausdrucksverhalten

- Kommunikationsfähigkeit, Ausdrucksvermögen

- Teamfähigkeit und Kooperationsvermögen

- Führungsstil und -qualitäten, Mitarbeitermotivation

- Kontaktverhalten, Sozialverhalten

- Einfühlungsvermögen, Menschenkenntnis

- Offenheit, Interesse

- Selbsteinschätzung, Reflexionsvermögen

Administrative Fähigkeiten

- Entscheidungsfähigkeit, Entscheidungsverhalten

- Delegationsfähigkeiten

- Setzen von Prioritäten

- Organisations- und Planungsfähigkeit, Übersicht

Analytische Fähigkeiten

- Strukturiertes Denken

- Kombinations- und Analysefähigkeiten

Leistungsverhalten

- Einsatz- und Leistungsbereitschaft, Motivation

- Unternehmerisches Denken

- Zielstrebigkeit, Zielorientierung

- Ausdauer, Belastbarkeit

- Selbstorganisation, Zeitmanagement

- Unternehmerisches Denken

- Kreativität

- Flexibilität und Mobilität

Ein Assessment Center besteht nicht nur aus einer einzigen Übung. Die Kandidaten müssen zahlreiche Aufgaben absolvieren und Prüfungen erfolgreich bestehen, um sich als geeignet zu beweisen. Das liegt vor allem daran, dass mit wenigen Prüfungsaufgaben nicht alle notwendigen Qualifikationen abgefragt werden können. Eine herausragende Führungskraft jedoch muss eine gelungene Mischung aus den oben genannten sozialen Kompetenzen in sich vereinen. Mit dem Assessment Center hoffen viele Unternehmen, genau diese herausragenden Allrounder aus dem großen Becken der Bewerber herausfischen zu können.

2.1 Zwischenmenschliche Fähigkeiten

Wenn Ihre zwischenmenschlichen Fähigkeiten auf dem Prüfstand stehen, wollen die Arbeitgeber erfahren, wie Sie mit Kunden, Mitarbeitern, Geschäftspartnern und anderen Bezugspersonen kommunizieren und umgehen. Kann sich der Bewerber im Diskussionsgespräch durchsetzen? Und zwar nicht, weil er mit der Faust auf den Tisch schlägt, sondern weil er mit Menschenkenntnis, Einfühlungsvermögen und Überzeugungskraft geschickt und erfolgreich agiert? Ihre zwischenmenschlichen Fähigkeiten können oder müssen die Bewerber vor allem in Gruppendiskussionen und Rollenspielen demonstrieren.

2.1.1 Kommunikationsfähigkeit

Kommunikationsfähigkeit ist eine der Schlüsselqualifikationen im Assessment Center. In nahezu allen Übungen ist sie eine notwendige Grundvoraussetzung, um die Aufgaben erfolgreich zu lösen. So wichtig diese Kompetenz ist, so schwer lässt sie sich greifen, da sie auf mehreren Ebenen wirkt und die Basis zahlreicher anderer sozialer Kompetenzen darstellt. Sie selbst wiederum basiert auf einer gehörigen Portion Menschenkenntnis und Einfühlungsvermögen.

Kommunikationsfähigkeit bedeutet nicht einfach, dass Sie bereit oder in der Lage sind, mit anderen Menschen zu sprechen, gar redselig oder mitteilungsbedürftig sind. Kommunikation ist eine der Grundvoraussetzungen für eine funktionierende Berufswelt und wenn im Rahmen eines Assessment Centers Ihre Kommunikationsfähigkeit getestet wird, dann achten die Assessoren vielmehr darauf, ob Sie

- Fragen, Aussagen und Signale wie Gestik, Mimik oder Körperhaltung Ihres Gesprächspartners richtig interpretieren können,
- auf Aussagen, Argumente und Signale Ihres Gesprächspartners eingehen bzw. wirkungsvoll reagieren können,
- aktiv und gut zuhören können,
- wissen, wann Sie was fragen müssen, können oder dürfen,
- Ihre Aussagen und Argumente mit den richtigen Signalen zum richtigen Zeitpunkt bei den richtigen Gesprächspartnern einbringen können.

2.1.2 Überzeugungskraft, Durchsetzungsvermögen

Im beruflichen Alltag gibt es zahllose Situationen, in denen Mitarbeiter überzeugen und sich durchsetzen müssen. Nehmen Sie an, Sie haben eine Idee oder einen Verbesserungsvorschlag bezüglich eines Projekts oder eines Produkts. Nun müssen Sie Ihren Vorgesetzten, Geschäftspartner oder Kunden von eben dieser Idee überzeugen oder sie gegenüber anderen Vorschlägen durchsetzen. Das lässt sich auf viele Bereiche und Situationen übertragen. Wer erfolgreich sein möchte, muss überzeugen und sich durchsetzen können — allerdings nicht um jeden Preis. Auch hier spielen das Maß und die Art und Weise, wie Sie agieren, eine entscheidende Rolle. Manchmal sind eher Takt- und Feingefühl gefragt als durchschlagende Worte.

2.1.3 Konflikt- und Problemlösungsfähigkeit

Es wäre so einfach, wenn im Berufsleben nur eitel Sonnenschein herrschen würde. Dem ist aber leider nicht so und deshalb müssen aufgrund unterschiedlicher Interessen und Standpunkte Konflikte ausgetragen und Probleme gelöst werden. Konkret bedeutet das zum Beispiel, dass Sie sich mit dem Controlling auseinandersetzen müssen, wenn es etwa darum geht, das Budget für ein Projekt zu erweitern. Konflikt- aber dennoch problemlösefähig ist derjenige, der einerseits die Auseinandersetzung nicht scheut, es aber dennoch versteht, Probleme ggf. auch in Zusammenarbeit mit dem Konfliktpartner zu lösen oder in der Lage ist, nach geeigneten Alternativen oder Kompromissen zu suchen.

2.1.4 Führungsstil und -qualitäten, Mitarbeitermotivation

Wer Führungsaufgaben übernehmen oder in Führungspositionen hineinwachsen möchte, muss sich fragen lassen, wie seine Führungsqualitäten und sein Führungsstil aussehen, sprich: seine Beziehung zu Mitarbeitern und sein Führungsverhalten. Und ob er es versteht, seine Mitarbeiter zu motivieren. Diese Fähigkeiten stehen im Assessment Center vor allem bei den Rollenspielen auf dem Prüfstand. Dabei schlüpfen die Bewerber etwa in die Rolle eines Vorgesetzten und müssen einen Konflikt oder ein Problem mit einem Mitarbeiter lösen.

2.1.5 Teamfähigkeit

Viele Unternehmen wissen die Vorteile von Teamarbeit zu schätzen und legen dementsprechend bei Bewerbern besonderen Wert auf die Teamfähigkeit. Im Team zu arbeiteten bedeutet, gemeinsam nach Lösungen zu suchen, Ideen und Lösungsansätze gemeinsam zu entwickeln sowie aus allen Ideen das Beste herauszufiltern, um die beste bzw. eine optimale Lösung zu erzielen.

Teamfähig zu sein heißt jedoch nicht nur, sich in eine Gruppe eingliedern und einbringen zu können, sondern bei Bedarf auch die Führung zu übernehmen, um Ideen zu kanalisieren, Diskussionen zu strukturieren und darauf zu achten, dass die Arbeit des Teams ziel- und ergebnisorientiert bleibt.

2.1.6 Auftreten, Ausdrucksverhalten und -vermögen

Die Körpersprache steht bei der Bewertung über Auftreten und Ausdrucksverhalten der Kandidaten im Vordergrund. Passen Gestik, Mimik und Tonfall des Bewerbers einerseits zur jeweiligen Situation und andererseits zu dem, was er sagt bzw. vermitteln möchte? Wie wirkt der Kandidat? Was für eine Ausstrahlung hat er? Schüchtern, selbstbewusst, arrogant? Gerade im Umgang mit Kunden ist das Auftreten eines Mitarbeiters von Bedeutung.

Viele Bewerber machen den Fehler, immer offen und freundlich zu wirken. Doch das ist nicht immer angemessen. Wenn Sie mit einem uneinsichtigen Mitarbeiter ein Gespräch führen müssen, darf dieser auch merken, dass Sie mit seinem Verhalten nicht einverstanden sind. Sie sollten dennoch versuchen, die Situation zu entschärfen und eine Lösung zu finden.

2.1.7 Selbst- und Fremdeinschätzung, Reflexionsvermögen

Ein guter Mitarbeiter, eine gute Führungskraft weiß um die eigenen Stärken und Schwächen. Im Assessment Center sollen die Bewerber unter Beweis stellen, dass sie dazu ebenfalls in der Lage sind. Immerhin kann man beispielsweise seine Stärken nur dann richtig einsetzen, wenn man sie kennt, und sich Unterstützung holen, wenn man weiß, wo die eigenen Schwächen liegen. Ihre Selbst- und Fremdeinschätzung sowie Ihr Reflexionsvermögen werden meist im persönlichen Interview auf die Probe gestellt. Dabei kann es auch vorkommen, dass Sie nach Gruppendiskussionen oder Präsentationen gefragt werden, welchen Eindruck Sie vom Verlauf der Übung hatten bzw. welchen Eindruck Sie von den Leistungen der anderen Kandidaten hatten.

2.2 Administrative Fähigkeiten

Um das berufliche Alltagsgeschäft erfolgreich meistern zu können, sind vor allem administrative Fähigkeiten gefragt. Im Vordergrund stehen dabei zum Beispiel Fragen danach, ob der Bewerber Aufgaben delegieren, Entscheidungen fällen, seinen beruflichen Alltag organisieren, Prioritäten setzen und trotz allem noch die Übersicht bewahren kann. Diese Fähigkeiten werden im Assessment Center im Rahmen der Postkorbübung getestet.

2.2.1 Entscheidungsfähigkeit, Entscheidungsverhalten

Wer heute oder im Verlauf seiner weiteren Karriere eine Führungsposition einnehmen möchte, muss Entscheidungen — auch unter psychischem und zeitlichem Druck — treffen, erklären und bei kritischen Nachfragen ggf. auch rechtfertigen können. Im Vordergrund der Übungen steht nicht zwingend die Qualität der Entscheidungen, sondern die Frage, ob Entscheidungsfreude und Entscheidungsfähigkeit tatsächlich zu den Stärken eines Bewerbers zählt.

Besonderes Augenmerk legen die Beobachter darauf, wie, auf welcher Grundlage und wie zügig die Kandidaten Entscheidungen treffen. Wer zu lange zögert, ständig alle Vor- und Nachteile genau erfassen und abschätzen möchte, um auf keinen Fall ein Risiko einzugehen, taugt zwar zum umsichtigen Berater. Doch er verfügt nicht unbedingt über die Qualitäten einer Führungskraft. In manchen Fällen müssen Entscheidungen schnell und dennoch zielsicher getroffen werden, auch wenn damit Risiken und Unsicherheiten verbunden sind.

2.2.2 Delegationsfähigkeiten

Es mag nicht immer leicht sein, Aufgaben aus der Hand zu geben, sie anderen zu übertragen, wenn man selbst für die erfolgreiche Ausführung verantwortlich ist. Doch auch das Delegieren an andere gehört zu den Qualifikationen, über die Führungskräfte verfügen müssen, zumal sie im Berufsalltag gar nicht die Zeit haben, alles selbst zu erledigen.

2.2.3   Setzen von Prioritäten

Nicht alles hat höchste Priorität. Ein guter Mitarbeiter, eine gute Führungskraft muss Schwerpunkte setzen können, Wichtiges von weniger Wichtigem unterscheiden und entsprechend handeln bzw. delegieren können. Denn auch hier gilt, Sie können nicht alles alleine machen und schon gar nicht sofort.

2.3   Analytische Fähigkeiten

Zu den analytischen Fähigkeiten gehören vor allem jene, die es Mitarbeitern ermöglichen, komplizierte und komplexe Probleme oder Aufgaben schnell erfassen und lösen zu können. Da im Berufsalltag viele Vorgänge und Entscheidungen aneinander geknüpft oder miteinander verwoben sind, legen Arbeitgeber sehr viel Wert auf die analytischen Fähigkeiten ihrer Mitarbeiter, vor allem bei Führungskräften. Im Assessment Center sollen insbesondere Planspiele oder Fallstudien sowie allgemeine Testaufgaben zeigen, wie es um diese Eigenschaften bestellt ist.

2.3.1   Strukturiertes Denken

Wer sich blindlings an die Lösung von Problemen heranmacht, läuft nicht nur Gefahr, das Wichtige zu übersehen und sich mit zweitrangigen Dingen zu beschäftigen, sondern auch, viel Zeit zu vergeuden. Doch gerade Zeit ist meist Mangelware und ein teures Gut. Wer dagegen strukturiert an Aufgaben herangeht, arbeitet in der Regel nicht nur effizienter und effektiver, sondern auch qualitativ wertvoller. Damit ist er für den Arbeitgeber verständlicherweise ein attraktiver Kandidat. Nicht zuletzt auch deshalb, weil diese Mitarbeiter ein größeres Arbeitspensum absolvieren können. In Planspielen, Fallstudien und Präsentationen kommt das strukturierte Denken besonders zum Tragen.

2.3.2   Kombinations- und Analysefähigkeiten

Nicht immer ist alles auf den ersten Blick eindeutig und übersichtlich. In vielen Fällen muss man sich erst einmal durch einen unübersichtlichen Berg von Informationen und Unterlagen durchkämpfen. Das trifft auf viele berufliche Situationen zu. In solchen Situationen gilt es, sich einen Überblick zu verschaffen. Dafür müssen unter Umständen Probleme und Bedingungen analysiert und Informationen verknüpft werden, ehe ein Gesamtbild entsteht. Die Kombinations- und Analysefähigkeiten der Kandidaten stehen unter anderem bei der Postkorbübung, aber auch bei Leistungstests, Planspielen und Fallstudien unter Beobachtung.

2.4 Leistungsverhalten

Unternehmen wünschen sich leistungsorientierte Mitarbeiter, die Einsatz zeigen, kreativ, motiviert und belastbar sind. Mitarbeiter und Führungskräfte, die Ziele vor Augen haben und diese auch erreichen. Um das Leistungsvermögen von Bewerbern zu testen, setzen Unternehmen neben der Postkorbübung, die in diesem Zusammenhang vor allem auf die Ausdauer und Belastbarkeit der Kandidaten abzielt, Fallstudien oder Planspiele ein. Eine besondere Rolle spielt das persönliche Interview. Gehen Sie also davon aus, dass man Sie dabei nach Ihrer Motivation, Ihren Interessen, Ihrer Begeisterung fragen wird.

2.4.1 Einsatz- und Leistungsbereitschaft, Motivation

Kaum ein Unternehmen wird einen Mitarbeiter einstellen, der keinerlei Einsatz- bzw. Leistungsbereitschaft oder Motivation an den Tag legt. Im Prinzip können Arbeitgeber davon ausgehen, dass die Teilnehmer eines Assessment Centers über eine relativ große Einsatz- und Leistungsbereitschaft verfügen, überprüfen wollen sie es aber trotzdem.

Auch die Lernbereitschaft der Bewerber spielt in diesem Zusammenhang eine wichtige Rolle. Wer nicht bereit ist, sich fortzubilden oder weiterzuentwickeln, wird nicht nur beruflich einen Stillstand erleben, sondern ist auch für Unternehmen als Mitarbeiter uninteressant. Zwar zeichnet sich in der Regel während des gesamten Assessment Centers ab, wie einsatz- und leistungsbereit die einzelnen Kandidaten sind, dennoch gilt das persönliche Interview als eigentliche Bewährungsprobe.

2.4.2 Unternehmerisches Denken

Unternehmerisch denkt und handelt derjenige, der sich einem Unternehmen gegenüber verpflichtet fühlt, es voranzubringen. Dahinter verbirgt sich in vielen Fällen eine emotionale Bindung zu oder eine Identifizierung mit dem Unternehmen. Der Arbeitgeber hat an solchen Mitarbeitern natürlich ein erhebliches Interesse, denn sie tragen zum Erfolg des Unternehmens bei bzw. versuchen, einen Misserfolg zu verhindern. Inwieweit Kandidaten über unternehmerisches Denken verfügen, soll meist mithilfe von Planspielen und Fallstudien ermittelt werden.

2.4.3 Zielstrebigkeit, Zielorientierung

Natürlich ist es im Interesse eines jeden Arbeitgebers, dass seine Mitarbeiter zielstrebig und zielorientiert sind. Denn es ist niemandem geholfen, wenn Projekte avisiert und begonnen, aber nicht zu Ende gebracht werden. Das kostet Geld und Zeit und bringt das Unternehmen im Hinblick auf die Konkurrenz meist auch ins Hintertreffen. Bei Gruppendiskussionen und Rollenspielen, aber auch bei Fallstudien und Planspielen haben zielstrebige und zielorientierte Kandidaten die Möglichkeit zu punkten.

2.4.4 Belastbarkeit, Stressresistenz, Ausdauer

Angesichts des steigenden Drucks in den meisten Berufsfeldern legen Arbeitgeber verstärkt Wert darauf, dass ihre Mitarbeiter diesem auch gewachsen sind. Belastbarkeit, Stressresistenz und Ausdauer der Kandidaten werden eigentlich die ganze Zeit über beobachtet. Das Assessment Center an sich ist für die meisten Bewerber allerdings schon Stressübung genug. Bei den einzelnen Bestandteilen wird der Stressfaktor durch enge Zeitvorgaben, umfangreiche Aufgaben oder provokante Zwischenfragen zusätzlich erhöht.

2.4.5 Selbstorganisation, Zeitmanagement

Zudem wird überprüft, ob die Kandidaten in der Lage sind, ihren Aufgabenbereich zu strukturieren, ohne dabei das Zeitmanagement aus den Augen zu verlieren. Die Zeit spielt im Assessment Center allgemein eine sehr wichtige Rolle. Bei nahezu allen Aufgaben wird eine Zeitvorgabe genannt, die nicht überschritten werden darf, sonst droht der Abbruch der Prüfungseinheit. Das mag sich im ersten Augenblick hart und überzogen anhören, aber der berufliche Alltag besteht nahezu ausschließlich aus Vorgaben und Terminen, die einzuhalten sind. Wer es nicht versteht, seinen Arbeitsablauf und sein Zeitmanagement zu strukturieren und zu organisieren, wird auf Dauer nur schwer bestehen können.

2.4.6 Kreativität, Innovationsfähigkeit

Altbewährtes kann man sicherlich erhalten. Doch neue Ideen bringen voran und sind deshalb gerade im Berufsleben und für die berufliche Weiterentwicklung ein unbedingtes Muss. Das gilt natürlich auch für Unternehmen. Das Interesse an kreativen und innovativen Mitarbeitern ist dementsprechend groß.

Während unter Kreativität in erster Linie tatsächlich Ideenreichtum verstanden wird, verbirgt sich hinter Innovationsfähigkeit eine komplexe Qualifizierung der Mitarbeiter. Sie beginnt bei der Problemerkennung und -analyse über die Idee bis hin zur erfolgreichen Umsetzung.

Beide Soft Skills sind allerdings nur in wenigen Bereichen, etwa im Marketing oder bei Forschung und Entwicklung, das ausschlaggebende Kriterium für die Einstellung eines Mitarbeiters. Wer jedoch keinerlei Kreativität besitzt, wird es auch nicht leicht haben, ein Assessment Center erfolgreich abzuschließen, denn diese Eigenschaft ist in vielen Prüfungen gefragt, wenn auch nicht immer offenkundig.

2.4.7 Flexibilität und Mobilität

Die Flexibilität eines Bewerbers lässt sich am besten im persönlichen Interview, aber auch in Rollenspielen und Gruppendiskussionen ermitteln. Mobilität bedeutet die Bereitschaft, für den Beruf in eine andere Stadt, gar in ein anderes Land zu ziehen oder als Geschäftsreisender ständig unterwegs zu sein. Diese Mobilität ist in einigen Berufsfeldern wie Außendienst, Vertrieb, Beratung oder Projektarbeit fast unumgänglich und stellt somit ebenfalls ein Einstellungskriterium dar.

Flexibilität bedeutet hingegen, sich auch auf Neues und Unbekanntes einzulassen. Das heißt auch, die eigenen Erfahrungen, Methoden und Arbeitsweisen zugunsten neuer Strategien, Ideen und Entwicklungen überdenken und ggf. revidieren zu können.

3 Vorbereitung auf das Assessment Center

Vor allem Berufsanfänger machen häufig den Fehler, sich nicht genügend auf ein Assessment Center vorzubereiten. Sie fragen Studienkollegen, Freunde oder Bekannte nach deren Eindrücke und Erfahrungen und sind sich sicher, diese Art der Vorbereitung würde genügen, „um da schon irgendwie durchzukommen". Doch weit gefehlt: Denn so wird ein Kandidat die zu besetzende Stelle nicht bekommen. Sehen Sie das Assessment Center als eine Art Prüfung, auf die man sich intensiv vorbereiten muss, um sie erfolgreich absolvieren zu können. Hinzu kommt, dass man bei den meisten Assessment Centern nicht nur gegen sich selbst ankämpfen muss, sondern gegen zahlreiche Mitkonkurrenten, die alle die fachlichen Grundvoraussetzungen für die Stelle mitbringen und sich zudem auf das Auswahlverfahren vorbereitet haben.

Da das Assessment Center als Auswahlverfahren mittlerweile weit verbreitet ist, gehen Personalverantwortliche davon aus, dass die Kandidaten wissen, was auf sie zukommt, und sich entsprechend vorbereiten. Unvorbereitete Teilnehmer schneiden in der Regel bei den einzelnen Aufgaben und Prüfungen nicht nur schlecht ab, sie vermitteln den Beobachtern auch den Eindruck, ihnen fehle nicht nur die notwendige Motivation, sondern auch berufliche Weitsicht, Reife und Ernsthaftigkeit. Kaum ein Arbeitgeber möchte Mitarbeiter in seinen Reihen haben, die es nicht für notwendig halten, sich auf Situationen und Aufgaben vorzubereiten. Wer sich so verhält, schürt die Befürchtung, dass er im späteren Berufsalltag wohl ebenfalls unvorbereitet von einem Meeting ins andere läuft. Vielversprechend wirken diese Bewerber im Assessment Center nicht.

3.1 Praktisches und theoretisches Training

Um einen realen Eindruck davon zu bekommen, wie ein Assessment Center abläuft,

- wie die Stimmung und Anspannung ist,
- wie hoch der Druck auf die Kandidaten tatsächlich ist,
- wie die einzelnen Übungen und Aufgaben tatsächlich ablaufen,
- wie eng die Zeitvorgaben sind,
- wie gut oder schlecht die Konkurrenz ist,

empfiehlt es sich, ein Assessment Center zu Übungszwecken zu durchlaufen. Dafür gibt es zwei Möglichkeiten.

3.1.1 Simulierte Assessment Center

Einige Agenturen und Organisationen bieten sogenannte Test-Assessment-Center bzw. Trainingsseminare an. Allerdings werden die Bedingungen bei simulierten Assessment Centern nie analog zu denen bei einem realen sein. Der psychische Druck auf die Kandidaten lässt sich nur schwer künstlich erzeugen. Zudem sind die Vorbereitungskurse und Seminare meist mit erheblichen Kosten verbunden.

Kostenlose Vorbereitungskurse werden zum Beispiel an Universitäten oder von der Finanzberatung MLP in Kooperation mit anderen Organisationen angeboten. Informationen hierzu finden sich unter www.mlp.de. Unter http://www.mlp.de/#/mlp-aktuell/seminare-vor-ort ist die gezielte Suche nach Seminaren möglich.

3.1.2 Üben bei realen Assessment Centern

Wirkungsvoller ist die Alternative, ein Assessment Center bei einem Unternehmen zu durchlaufen, bei dem Sie nicht unbedingt anfangen möchten. Doch erzählen Sie dies nicht herum, denn Unternehmen und Personalentscheider sehen diese Art der Vorbereitung verständlicherweise nicht gerne. Allerdings sollten Sie sich auch auf Ihre sogenannten Probe-Assessment-Center intensiv vorbereiten, ansonsten ist die Teilnahme wirkungslos.

3.2 Aufgaben und Prüfungen im Assessment Center

Die Palette der Aufgaben und Prüfungen, auf die Sie in Assessment Centern treffen können, ist reichhaltig. Da jeder Arbeitgeber einen anderen Schwerpunkt bei der Auswahl seiner Mitarbeiter setzt, hängt die Zusammenstellung der Übungen von den jeweiligen Bedürfnissen des Unternehmens ab. Folgende Aufgaben können Ihnen im Assessment Center begegnen. Sie alle und ihre Bewältigung werden wir in den folgenden Kapiteln ausführlich beschreiben.

Gruppendiskussion

- Führerlos oder mit Moderator
- Mit oder ohne vorgegebener Rolle
- Mit oder ohne vorgegebenem Thema

Rollenspiele

- Mitarbeitergespräch
- Kunden- bzw. Verhandlungsgespräch
- Diskussionsrunden

Präsentationen und Vorträge

- Mündliche Präsentation eines vorgegebenen oder selbst ausgewählten Themas, eine anschließende Diskussion mit den Beobachtern ist möglich
- Schriftliche Ausarbeitung eines vorgegebenen Themas, eine anschließende Diskussion mit den Beobachtern ist zwar möglich, aber eher selten

Selbstpräsentation

- Mündliche Präsentation
- Schriftliche Kurzbeschreibung, Fließtext oder Ausfüllen eines Fragebogens

Postkorbübung

- Schriftliche Lösungspräsentation mit oder ohne anschließende Befragung
- Mündliche Lösungspräsentation mit oder ohne anschließende Befragung

Planspiele, Schätzaufgaben und Fallstudien

- Einzelübung mit schriftlicher oder mündlicher Präsentation
- Gruppenübung mit schriftlicher oder mündlicher Präsentation

Vorbereitung auf das Assessment Center

Interviews

Persönliches Gespräch, meist mit Personalentscheidern

Tests

Intelligenztests

- Konzentrations- und Leistungstests
- Persönlichkeitstests
- Fach- und Wissenstests

Selbst- und Fremdeinschätzungen

- Mündliche Befragung
- Computerunterstützte Testaufgaben

Konstruktionsübungen

- Meist praktische, kreative Übung
- Fach- und Wissenstests in diesem Bereich sind nur in Ausnahmefällen Gegenstand eines Assessment Centers

Wenn Sie sich bei einem international ausgerichteten Unternehmen beworben und nun eine Einladung zu einem Assessment Center erhalten haben, sollten Sie damit rechnen, dass auch Fremdsprachentests (hauptsächlich Englisch) durchgeführt werden. Diese sind meist mündlich und können bereits vorab stattfinden, etwa im Rahmen eines Telefoninterviews. Finden sie erst im Assessment Center statt, sollten Sie sich ebenfalls auf einen mündlichen Test einstellen, etwa eine kurze Präsentation.

Bei den meisten der hier aufgeführten Aufgaben und Prüfungen gibt es kein Richtig oder Falsch, von den Tests und einigen Fallstudien einmal abgesehen. Entscheidend ist vielmehr die Art und Weise, wie Sie an die Lösung herangehen, wie Sie mit Menschen umgehen, wie zielstrebig oder ausdauernd Sie sind und welchen persönlichen Eindruck Sie bei den Beobachtern hinterlassen. Eine rein objektive Bewertung ist demnach nicht möglich, auch wenn die Beobachter versuchen, die Leistungen der Kandidaten nach objektiven Richtlinien und Maßstäben zu bewerten.

3.3   Ablauf eines Assessment Centers

Eine Vorgabe, wie ein Assessment Center ablaufen oder die Zusammenstellung der Prüfungsaufgaben aussehen sollte, gibt es nicht. Das liegt in erster Linie daran, dass die Unternehmen den Aufbau und die Aufgaben an die Anforderungen ihres Unternehmens bzw. an die zu besetzende Stelle anpassen. Auch die Dauer des Auswahlverfahrens ist nicht einheitlich.

In der Regel setzen die Unternehmen ein bis zwei Auswahltage an, der Trend geht jedoch eindeutig zu eintägigen Auswahlverfahren. In Ausnahmefällen, etwa bei der Auswahl von absoluten Spitzenkräften, kann ein Assessment Center auch über zwei Tage hinausgehen. Wenn allerdings nur wenige Stunden angesetzt sind, kann nur noch schwerlich von einem Assessment Center die Rede sein.

Laut Umfragen unter deutschen Unternehmen, die das Assessment Center als Auswahlverfahren nutzen, gehören Gruppendiskussionen sowie Präsentationen im Allgemeinen zu den beliebtesten und am häufigsten eingesetzten Übungsaufgaben. Befragt wurden dabei zahlreiche groß- und mittelständische Unternehmen. Die Rangliste im Einzelnen

- Gruppendiskussion
- Selbstpräsentation oder Präsentation des eigenen Lebenslaufs
- Rollenspiel
- Fallstudie
- Postkorbübung

Intelligenz- und Persönlichkeitstests landeten auf den letzten Plätzen. Das Gleiche gilt für sogenannte Fachwissenstests.

Um Ihnen einen Eindruck zu geben, wie ein Assessment Center im Allgemeinen aufgebaut ist und wie Ihr Auswahltag aussehen kann, folgt an dieser Stelle die Agenda eines eintägigen Assessment Centers.

▶ **BEISPIEL**

Vormittag

8:00 Uhr: Begrüßung und Vorstellung der Assessoren
Präsentation des Unternehmens
Überblick über den Ablauf des Assessment Centers
8:30 Uhr: Vorstellungsrunde der Kandidaten
9:30 Uhr: Gruppendiskussion
Die Bewerber werden in Gruppen aufgeteilt und erhalten jeweils ein Thema, das sie diskutieren sollen; Vorbereitung zehn Minuten, Diskussionsdauer 15 Minuten
10:00 Uhr: Präsentation der Ergebnisse
10:45 Uhr: Kaffeepause
11:00 Uhr: Postkorbübung, Bearbeitungszeit 60 Minuten
12.00: Mittagspause

Nachmittag

13:00 Uhr: Fallstudie; Vorbereitung 45 Minuten, Präsentation zehn Minuten
14:30 Uhr: Rollenspiele; Vorbereitung fünf Minuten, Übung 15 Minuten
15:30 Uhr: Kaffeepause
Verabschiedung aller Kandidaten, die bislang nicht überzeugen konnten
16:00 Uhr: Interviewrunde mit den Kandidaten
18:00 Uhr: Feedbackgespräche
Gegen 19:30 Uhr: Ende der Veranstaltung

4 Die Jury – der stetige Begleiter

Im Assessment Center steht den Bewerbern eine Gruppe von Beobachtern gegenüber, auch Assessoren genannt. In der Regel handelt es sich dabei um Mitarbeiter des Unternehmens. Diese können aus den jeweiligen Fachbereichen selbst stammen, aber auch aus dem Personal- oder Recruitingbereich; manchmal kommen externe Personalberater oder Psychologen hinzu. Die Beobachtergruppe setzt sich fast immer aus erfahrenen Personalprofis zusammen. Klar ist, dass die Assessoren nur Menschen sind und trotz aller Bemühungen um Objektivität ihrer subjektiven Einschätzung unterliegen. Auch ihnen unterlaufen Wahrnehmungs- und Bewertungsfehler.

> **! ACHTUNG**
>
> Ein Assessment Center beginnt nicht mit der ersten Prüfungsaufgabe, sondern mit dem ersten Kontakt. Schon der Eindruck bei der ersten Begegnung fließt bewusst oder unbewusst in die spätere Beurteilung der Beobachter mit ein. Stellen Sie sich daher darauf ein, dass Sie bereits beim Eintreten in die Unternehmenslobby oder den Veranstaltungsraum wahrgenommen und somit auch beobachtet werden können. Manche Kandidaten begegnen einem Beobachter schon beim Parken in der Tiefgarage.

4.1 Wie wird bewertet?

Ihre Eindrücke halten die Assessoren in sogenannten Bewertungsbögen fest, für jeden Kandidaten gibt es einen. Im Prinzip gleicht das System dem Benotungsschlüssel in der Schule oder einem Kundenfragebogen. Die Leistungen der Bewerber werden auf einer Bewertungsskala (von 0 bis 100 oder von 1 bis 5) festgehalten. Dabei beurteilen die Beobachter die Leistungen der Teilnehmer nach vorgegebenen Schlüsselmerkmalen und Bewertungskriterien. Diese basieren meist auf den sozialen Kompetenzen, können aber auch detaillierter ausfallen.

Verständlicherweise kommen nicht alle Bewertungsmerkmale bei allen Übungen zum Tragen. Welche Schlüsselqualifikationen bzw. Soft Skills bei den Aufgaben jeweils geprüft, beobachtet und bewertet werden, können Sie ganz einfach unseren Checklisten zu Beginn der jeweiligen Kapitel entnehmen.

4.2 Der erste Eindruck

Versuchen Sie von Beginn an offen und freundlich zu sein. Der erste Eindruck ist entscheidend und prägt, wenn auch unbewusst, oft genug die Beurteilung während des gesamten Assessment Centers. Wer schon am Anfang einen negativen Eindruck auf die Jurymitglieder macht, wird es im Verlauf des Assessment Centers eher schwer haben, diesen wieder auszugleichen oder wettzumachen.

TIPP

Biedern Sie sich nicht bei den Beobachtern an. Die Personalprofis empfinden das nicht nur als störend, sondern auch als höchst unprofessionell. Der Kandidat hinterlässt einen schlechten Eindruck und weckt die möglicherweise die Vermutung, er wolle ein Manko verbergen oder ausgleichen.

4.3 Ständig unter Beobachtung

Sie werden nicht nur während der offensichtlichen Prüfungen von den Assessoren beurteilt. Rechnen Sie damit, auch während der Pausen in deren Visier zu sein. Die Beobachter wollen sich dabei ein Bild von den zwischenmenschlichen und sozialen Qualitäten der Bewerber machen, wenn sich diese unbeobachtet fühlen, zum Beispiel vor dem Assessment Center, während der Kaffee- und Ruhepausen, Leerlaufzeiten, des Mittagessens, der Vorbereitung auf einzelne Aufgaben, der Präsentationszeit anderer Kandidaten etc.

Für die Beobachter sind dabei die folgenden Verhaltensweisen und Aspekte interessant:

- Wie verhält sich der Kandidat anderen Kandidaten gegenüber?
- Ist er gesellig, kommunikativ oder schüchtern?
- Zieht er sich zurück? Ist er ein Einzelgänger?
- Wirkt er nervös oder aufgedreht?
- Fällt er negativ auf, etwa durch schlechtes oder lautes Verhalten?
- Hört er anderen Kandidaten aufmerksam zu oder fällt er ihnen ins Wort?

! WICHTIG

Prägen Sie sich zu Beginn des Assessment Centers die Gesichter der Beobachter ein. So wissen Sie immer, mit wem Sie es gerade zu tun haben.

Gelegentlich mischen sich die Beobachter unter die Bewerber oder suchen das persönliche Gespräch. Zeigen Sie sich in jedem Fall freundlich und aufgeschlossen. Dennoch sollten Sie im „vertrauten" Gespräch nicht zu offen sein: Äußern Sie keine negative Kritik am Unternehmen. Selbst dann nicht, wenn Sie konkret gefragt werden. Versuchen Sie in diesen Fällen diplomatisch zu bleiben.

Seien Sie generell vorsichtig mit Kritik. Vermeiden Sie es, mit den Beobachtern oder anderen Bewerbern allzu kritisch über Sinn und Unsinn eines Assessment Centers zu diskutieren. Das kommt bei den Assessoren in der Regel nicht sonderlich gut an, selbst dann nicht, wenn sie sich selbst kritisch darüber äußern.

5   Gruppendiskussion

In einer Gruppendiskussion beobachtet die Jury, wie sich die Kandidaten verhalten, und richtet ihr Augenmerk auf die folgenden Kompetenzen:

- Kommunikationsfähigkeit

- Durchsetzungsvermögen

- Kooperationsfähigkeit

- Konfliktfähigkeit

- Sprachliches Ausdrucksvermögen

- Teamfähigkeit

- Sozialverhalten

- Kollegialität

- Integrationsverhalten

- Koordinationsfähigkeit

- Einfühlungsvermögen

- Zielstrebigkeit

- Selbstkontrolle

5.1   Ablauf von Gruppendiskussionen

Die Gruppendiskussion ist eine der aussagekräftigsten Aufgaben des Assessment Centers und spielt daher eine entscheidende Rolle. Folgende mögliche Konstellationen sind denkbar:

- Gruppendiskussion ohne vorgegebenes Thema, das heißt, die Diskussionsteilnehmer einigen sich selbst auf ein Thema), keine Vorbereitungszeit
- Gruppendiskussion mit vorgegebenem Thema, mit oder ohne Vorbereitungszeit
- Gruppendiskussion mit vorgegebenem Thema und vorgegebenen Rollen (Rollenspiel), mit oder ohne Vorbereitungszeit

Die Diskussionsrunden bestehen meist aus vier bis sechs Teilnehmern. Sie können führerlos sein oder einen Gesprächsleiter haben, einen sogenannten Moderator. Diese Rolle übernimmt meist einer der Kandidaten. In der Regel soll die Gruppe einen Moderator aus ihren Reihen bestimmen, es kann aber auch sein, dass diese Rolle von vornherein durch die Beobachter vergeben wird. Fällt die Wahl dabei auf Sie, ist es Ihre Aufgabe, für eine strukturierte Diskussion zu sorgen, die am Ende auch zu einem Ergebnis führt.

Achten Sie — unabhängig davon, ob Sie die Moderatorenrolle übernommen haben oder nicht — während der Diskussion darauf, dass

- die Ziele der Diskussion klar gesteckt werden.
- Ergebnisse, auch Zwischenergebnisse, immer wieder zusammengefasst werden,
- jeder Diskussionsteilnehmer seine Ideen und Vorschläge in die Diskussion einbringen kann,
- die Diskussionsteilnehmer aussprechen können und nicht ständig unterbrochen werden (Legen Sie ggf. eine Rednerliste an, wenn sehr viele ungehaltene Diskussionsteilnehmer dabei sind, die andere stets unterbrechen oder unverhältnismäßig lange sprechen.),
- Sie keine persönlichen Angriffe auf Diskussionsteilnehmer zulassen,
- die Diskussion nicht ins Stocken gerät, sich zu lange an einem Streitpunkt festhält oder sich im Kreis dreht,
- Sie vor lauter Organisation Ihre eigenen Argumente, Ideen und Vorschläge nicht vergessen, sondern sich auch in die eigentliche Diskussion einbringen.

Viele Teilnehmer an Assessment Centern gehen davon aus, dass sie sich bei einer Gruppendiskussion am besten empfehlen, wenn sie sich erfolgreich gegen die anderen Bewerber durchsetzen und ihre eigenen Argumente auf jeden Fall stur vertreten oder durchboxen. Sie bedenken dabei allerdings nicht, dass es sich um eine Gruppenübung handelt und somit auch die Teamfähigkeit getestet wird. Die Bewerber müssen beweisen, dass sie in der Lage sind, gemeinsam mit anderen etwas zu erarbeiten. Dabei kommt es in erster Linie nicht darauf an, die anderen Kandidaten auszuknocken oder anderen eigene Ansichten aufzuzwingen, sondern aus der Vielfalt der Meinungen das beste Resultat zu erzielen bzw. sich auf einen Standpunkt zu einigen. Am Ende soll ein Ergebnis stehen, das alle akzeptieren können.

! ACHTUNG

Denken Sie daran, dass Sie in der Regel nur dann eine sehr gute Bewertung erhalten werden, wenn auch ein Ergebnis erzielt wurde. Ansonsten ist eines der Ziele bei dieser Aufgabe nicht umgesetzt worden, und zwar von keinem der beteiligten Kandidaten.

5.2 Kriterien der Beobachter

Die Assessoren konzentrieren sich bei Gruppendiskussionen darauf, wie sich die Bewerber in die Diskussion einbringen. Bedenken Sie, dass Diskussionsrunden dieser Art für die Beobachter eine Art Vorhersage dafür sind, wie sich die Kandidaten im beruflichen Alltag verhalten werden, zum Beispiel bei Besprechungen, Meetings und Konferenzen.

Die Beobachter bewerten die Leistung der Kandidaten anhand der folgenden Fragen und Kriterien:

- Wie erschließt der Kandidat das Thema?
- Welche Rolle nimmt der Bewerber in der Gruppe ein?
- Wie vertritt der Kandidat seine Meinung?
- Verfügt er über ein gutes sprachliches Ausdrucksvermögen?
- Wie bringt er seine Argumente ein?
- Wie versucht er, seine Argumente durchzusetzen?
- Wie bringt er sich in die Diskussion ein?
- Lässt er andere zu Wort kommen? Lässt er andere aussprechen oder unterbricht er sie ständig?
- Lässt er andere Meinungen zu? Ist er offen für andere Meinungen?

- Ist er in der Lage, seine eigene Ansicht zu überdenken und ggf. sogar zu revidieren?
- Wie verhält sich der Kandidat bei Meinungsverschiedenheiten?
- Setzt er seine Meinung auf Biegen und Brechen durch? Wenn ja, wie?
- Versteht er es, die Diskussion zu strukturieren?
- Ist er in der Lage, die Diskussion zu leiten oder gar zu einem Ergebnis zu führen?

5.3   Themenwahl bei Gruppendiskussionen

In der Regel sind die Themen für Gruppendiskussionen vorgegeben. Diese können im Prinzip aus allen Bereichen von Politik, Gesellschaft, Wirtschaft oder aus berufsspezifischen Sachgebieten stammen. Meist haben sie einen aktuellen Bezug, oftmals zum Unternehmen selbst, zur Branche oder zum Umfeld des Unternehmens. Die Fragestellungen und Inhalte sind meist allgemein gehalten, damit sich alle Bewerber aktiv an der Diskussion beteiligen können. Dennoch ist es ratsam, vor einem Assessment Center noch einmal die Nachrichtenlage zum Unternehmen und zum aktuellen Tagesgeschehen genauer zu betrachten. Sehr spezielle fachliche Themen werden Sie nur bei homogenen Kandidatengruppen finden, etwa wenn sich nur Physiker, Juristen oder ausschließlich Mediziner um eine Stelle bewerben oder bewerben können.

Es kann vorkommen, dass die Diskussionsgruppe das Thema selbst wählen darf bzw. soll. Entweder liegen dann ein paar Themenvorschläge auf dem Tisch und die Gruppe muss sich auf ein Thema einigen oder die Themenwahl ist gänzlich frei. In beiden Fällen sollten Sie bedenken, dass die Suche nach einem Thema ebenfalls Teil der Übung ist und Ihr Verhalten von den Beobachtern bewertet wird. Hier steht vor allem die Durchsetzungsfähigkeit, aber auch die Kooperationsfähigkeit auf dem Prüfstand. Bringen Sie sich also hier schon entsprechend ein, aber überhasten Sie die Entscheidung nicht. Sammeln Sie Vorschläge und notieren Sie diese nach Möglichkeit für alle sichtbar auf einer Tafel oder einem Flipchart. Natürlich sollte die Suche nach einem Thema auch nicht zu lange dauern; Sie brauchen ja noch Zeit für die eigentliche Diskussion.

TIPP

Wenn Sie merken, dass die Gruppe sich nur schwer einigen kann, verweisen Sie darauf, dass die Zeit knapp ist und die eigentliche Diskussion noch aussteht. Lassen Sie die Gruppe notfalls über ein Thema abstimmen.

Sie können sich im Vorfeld des Assessment Centers eine Fragestellung überlegen, die unmittelbar mit der ausgeschriebenen Stelle zusammenhängt, und diese in die Diskussion einbringen, wenn die Gruppe kein Thema findet oder sich nicht einigen kann. Kaum einer der Bewerber wird überzeugende Argumente gegen einen solchen Vorschlag vorbringen können, ohne den Anschein zu erwecken, er sei für diese Stelle möglicherweise nicht geeignet oder habe auf die Fragestellung keine Antworten.

Auch während der eigentlichen Diskussion empfiehlt es sich, Ideen und Argumente für alle sichtbar zu notieren. Zum einen lässt sich die Diskussion besser strukturieren, zum anderen gehen keine Argumente verloren.

! **WICHTIG**

Formulieren Sie Ihre Argumente kurz und treffend und für alle Teilnehmer verständlich. Bilden Sie keine komplizierten Schachtelsätze. Denken Sie kurz nach, bevor Sie Ihre Argumente einbringen.

5.4 Üben Sie Gruppendiskussionen

Ideal ist es natürlich, wenn Sie sich konkret auf eine Gruppendiskussion vorbereiten, also mit Freunden oder Studienkollegen selbst Gruppendiskussionen durchführen. Achten Sie darauf, dass die Gruppe nicht zu klein ist, es soll ja eine lebhafte Diskussion zustande kommen. Außerdem sollten jemand dabei sein, der die Rolle des Beobachters übernimmt und sich entsprechend Notizen zu Ihren Leistungen macht.

▶ **BEISPIELE**

Thema 1: Verpflichtende Ganztagsschulen in Deutschland — ja oder nein?
Bitte diskutieren Sie Pro und Contra in Ihrer Gruppe und formulieren Sie eine gemeinsame Empfehlung. Bestimmen Sie einen Kandidaten, der Ihre Ergebnisse am Ende kurz vorstellt.
Sie haben für die Diskussion und Vorbereitung der Präsentation insgesamt 30 Minuten Zeit. Für die Präsentation stehen Ihnen maximal fünf Minuten zur Verfügung.
Thema 2: China bietet mit über einer Milliarde Menschen immense Absatzmärkte. Allerdings drängt das Land selbst sehr aggressiv in den Welthandel. Welche Chancen und Gefahren sind mit dieser Entwicklung Ihrer Meinung nach für den deutschen Absatzmarkt verbunden?

Bitte diskutieren Sie das Thema in Ihrer Gruppe und bereiten Sie eine Präsentation Ihrer Ergebnisse vor. Wählen Sie vorab einen Moderator aus, der die Diskussion leiten wird.

Sie haben 40 Minuten Zeit.

Thema 3: Atomausstieg Deutschlands — Fluch oder Segen für den Endverbraucher?

Erörtern Sie das Thema in Ihrer Gruppe und erarbeiten Sie eine gemeinsame Stellungnahme, die nicht länger als zehn Minuten dauert.

Thema 4: Outsourcing in der Politik — wo sind die Grenzen?

Diskutieren Sie das Thema in Ihrer Gruppe und erarbeiten Sie ein gemeinsames Statement. Für die Präsentation planen Sie bitte zehn Minuten ein.

Thema 5: Sterbehilfe — ja oder nein?

Diskutieren Sie das Thema in Ihrer Gruppe und erarbeiten Sie ein gemeinsames Sheet. Sie haben 45 Minuten Zeit.

Sammeln Sie nicht nur Argumente für Ihren eigenen Standpunkt bzw. Ihre „Fraktion", sondern auch für die Gegenseite. Damit zeigen Sie nicht nur, dass Sie sich in andere und deren Argumentation hineinversetzen können, sondern Sie können so auch die Diskussion „retten", wenn sich alle Teilnehmer argumentativ auf einer Seite befinden. Nehmen Sie aber nicht einfach die andere Position ein, sondern leiten Sie einen Wechsel eher wie folgt ein: „Wir sollten aber auch beachten, dass … ein nicht zu verachtendes Argument ist."

Falls Sie zur Diskussion nichts beitragen können oder sich bei einem Thema nicht auskennen, schließen Sie sich einer Ihnen plausibel klingenden Meinung an, unterstützen Sie deren Argumentation. Ein „dieser Meinung schließe ich mich an. Ich finde auch, dass …" ist immer noch besser als gar nichts zu sagen.

● TIPP

Achten Sie auch im Eifer des Gefechts und der Hitze der Diskussion auf Ihre Körpersprache.

- Verschränken Sie Ihre Arme nicht.
- Hängen Sie nicht versunken Ihren Gedanken nach.
- Machen Sie einen wachen und interessierten Eindruck.
- Achten Sie darauf, dass Ihr Tonfall und Ihre Ausstrahlung ruhig sind — das lässt Sie souverän erscheinen.
- Vermeiden Sie wilde Gesten.

5.5 Diskussionsergebnis

Ihre Diskussionsrunde muss am Ende zu einem Ergebnis kommen. Achten Sie deshalb besonders auf die Zeit und darauf, dass die Runde stets auf ein gemeinsames Ziel hinarbeitet. Versuchen Sie der Diskussion eine Struktur zu geben. Fassen Sie ggf. Zwischenergebnisse immer wieder zusammen. Wenn sich gegen Ende der Diskussion kein Ergebnis abzeichnet, können Sie versuchen, dies über eine Abstimmung zu erreichen. Zumindest sollten Sie den Diskussionsstand zusammenfassen, um wenigstens diesen als Ergebnis präsentieren zu können. Die Diskussion sollte nicht von den Beobachtern beendet werden und schon gar nicht ohne Resultat.

Irrelevante Argumente sollten Sie mit Zustimmung der anderen Teilnehmer aus der Diskussion verbannen. Das spart nicht nur Zeit, sondern zeigt auch, dass Sie die Diskussion leiten können und einen Blick für das Wesentliche haben.

5.6 Nach der Gruppendiskussion

Manche Beobachter führen nach der Gruppendiskussion Einzelgespräche mit den Kandidaten und befragen sie nach ihren Eindrücken. Dabei werden die Bewerber gebeten, eine Selbsteinschätzung abzugeben, also zu sagen, welchen Eindruck sie von der eigenen Leistung haben. Manchmal sollen sie zudem die anderen Diskussionsteilnehmer (Fremdeinschätzung) sowie den gesamten Diskussionsablauf bewerten. Wie Sie hierbei am besten vorgehen, steht in Kapitel 12.

Die folgenden Aspekte sollten Sie sich im Zusammenhang mit Gruppendiskussionen bewusst machen und im Hinterkopf behalten, wenn Sie in die Übung gehen:

- Die Themenauswahl kann bereits Teil der Prüfungsaufgabe sein.
- Beobachter legen Wert darauf, wie Sie sich in die Diskussion einbringen. Übernehmen Sie ggf. die Rolle des Moderators.
- Nutzen Sie visuelle Hilfsmittel wie Wandtafel, Flipchart oder Overhead-Projektor.
- Achten Sie auf Ihre Körpersprache. Seien Sie aufgeschlossen, hören Sie den anderen zu.
- Beteiligen Sie sich aktiv an der Diskussion.
- Ein Diskussionsergebnis ist Pflicht. Fassen Sie als Abschluss ggf. den Stand der Diskussion kurz zusammen.
- Seien Sie bei einer Selbst- bzw. Fremdeinschätzung nach der Diskussion möglichst objektiv.
- Üben Sie Gruppendiskussionen mit Freunden. Lassen Sie sich dabei mit dem Bewertungsbogen beurteilen.

6   Präsentationen und Vorträge

Die meisten Assessment Center beinhalten mindestens eine Präsentationsauf-gabe. Art und Inhalt variieren sehr stark und können, müssen aber nicht im Zu-sammenhang mit der zu besetzenden Stelle stehen. Bei solchen Aufgaben geht es vorrangig um die folgenden Kompetenzen:

- Kommunikationsfähigkeit

- Selbstständiges Arbeiten

- Strukturiertes Arbeiten

- Durchsetzungsvermögen

- Ausstrahlung, Ausdrucksverhalten

- Kombinationsfähigkeit

- Analytisches Denken

- Sprachliches Ausdrucksvermögen

- Teamarbeit

- Eventuell fachliches Wissen

Folgende Präsentationen können Ihnen beim Assessment Center begegnen:

- Selbstpräsentation: Sie stellen sich im Kreis der Kandidaten und Beobachter vor. Im Vordergrund stehen Ihre berufliche Erfahrung, Ihre Ausbildung und Ihre Ziele. Grundlage Ihrer Ausführungen ist Ihr Lebenslauf.

- Verkaufspräsentation: Sie sollen ein Produkt präsentieren und erfolgreich ver-kaufen.

- Unternehmens- oder Branchenpräsentation: Sie stellen ein Unternehmen oder eine Branche vor. Die grundlegenden Informationen hierfür werden Ihnen meistens zur Verfügung gestellt.

- Ergebnispräsentation: Sie stellen, meist im Anschluss an eine Projekt-, Einzel- oder Gruppenarbeit, die erarbeiteten Ergebnisse vor.

- Themenorientierte Präsentation: Das Thema der Präsentation kann aus unterschiedlichen Bereichen kommen. Es kann ein unternehmensbezogenes, ein stellen- oder berufsfeldorientiertes oder auch ein aktuelles Thema aus Politik, Wirtschaft oder Gesellschaft sein.

- Präsentation Ihrer Studienabschluss- oder Doktorarbeit: Gelegentlich erhalten Sie vorab eine Aufgabenstellung, die Sie zu Hause vorbereiten und dann im Assessment Center präsentieren sollen.

6.1 Worauf achten die Beobachter?

Das Augenmerk der Beobachter liegt bei der Präsentationsaufgabe im Wesentlichen darauf, wie der Bewerber seinen Vortrag strukturiert hat, wie er ihn vorträgt, wie er dabei auftritt und welchen Eindruck er hinterlässt. Ausschlaggebend sind demnach die folgenden Aspekte.

- Ein strukturierter Aufbau des Vortrags: Hat sich der Bewerber Gedanken zum Thema und dessen Aufbereitung gemacht oder gibt er lediglich Fakten ohne Zusammenhang bzw. ohne erkennbare Struktur wieder? Kann er Informationen komprimiert darstellen?
- Das sprachliche Ausdrucksvermögen: Spricht der Bewerber flüssig oder stockt er ständig und sucht nach den richtigen Worten? Erklärt er die Sachverhalte verständlich, etwa mit sprachlichen Bildern oder passenden Vergleichen? Kann er komplexe Sachverhalte verständlich darstellen und vermitteln?
- Der Auftritt des Kandidaten: Wie ist seine Ausstrahlung? Ist er nervös oder macht er einen selbstsicheren Eindruck? Was sagt seine Körpersprache aus? Ist er überzeugend?
- Verwenden von Hilfsmitteln: Nutzt der Bewerber technische Hilfsmittel, um die Inhalte des Vortrags zu visualisieren?
- Das Einhalten der Zeitvorgabe: Hat sich der Bewerber seine Zeit gut eingeteilt? Ist er vorzeitig fertig oder kommt er nicht zum Schluss?
- Die Reaktion auf Zwischen- und Verständnisfragen: Reagiert der Referent dabei nervös und genervt oder eher gelassen und souverän? Übernimmt er in einer eventuellen Diskussion die Moderatorenrolle?

- Das Ende des Vortrags: Meist steht am Ende einer Präsentation das, was den Zuhörern in Erinnerung bleibt und für die Bewertung ausschlaggebend ist, auch wenn sich die Beobachter während des gesamten Vortrags Notizen machen. Fassen Sie als Abschluss Ihrer Präsentation noch einmal alle wichtigen Punkte zusammen und greifen Sie die Ausgangsfrage oder Ausgangssituation noch einmal auf.

6.1.1   Der Auftritt des Kandidaten

Sicherlich wird einem Teilnehmer eines Assessment Centers eine gewisse Unsicherheit zugestanden, doch sollte er in der Lage sein, damit umzugehen. Vor allem bei Präsentationen kommt es darauf an, sich selbst und seine Nervosität in den Griff zu bekommen und auf der Plattform einen überzeugenden und selbstsicheren Eindruck zu machen. Es geht hier um Ihre Ausstrahlung und um Ihre Überzeugungskraft. Sie können noch so schlagkräftige Argumente und Beispiele vorbringen, es nützt Ihnen nichts, wenn Sie sie nicht überzeugend darbieten können. Achten Sie daher auf Ihre Körpersprache. Beruhigen Sie sich vor der Präsentation noch einmal und holen Sie tief Luft. Stehen Sie aufrecht und mit offenen Armen auf der Bühne, aber stützen Sie sich nicht aufs Rednerpult. Das sieht aus, als müssten Sie sich irgendwo festhalten. Versuchen Sie langsam und deutlich zu sprechen, dann kommen Sie nicht so schnell ins Stocken und haben mehr Zeit, darüber nachzudenken, was Sie als Nächstes sagen wollen.

● TIPP

Halten Sie während Ihrer Präsentation Blickkontakt zu Ihren Zuhörern, vor allem zu den Beobachtern. Das lässt Sie sicher und souverän erscheinen. Starren Sie jedoch nicht einzelne Personen an, lassen Sie vielmehr den Blick immer wieder über die gesamte Zuhörerschaft gleiten. Ein Lächeln oder Nicken Ihrerseits lockert die Atmosphäre und lässt Sie offen, freundlich und glaubwürdig erscheinen. Zudem entspannt ein Lächeln nicht nur Ihre Gesichtsmuskeln, sondern auch Ihre Stimmbänder.

6.1.2   Strukturierter Aufbau

Nur wenn ein Vortrag gut aufgebaut ist, wird er das Publikum erreichen und gelingen. Ist der Aufbau nicht durchdacht oder für den Zuhörer nicht nachvollziehbar, nützen Ihnen weder hervorragende inhaltliche Aussagen noch das beste sprachliche Ausdrucksvermögen oder das charmanteste Lächeln.

6.1.3 Sprachliches Ausdrucksvermögen

Eine weitere Komponente für eine erfolgreiche Präsentation ist die sprachliche Darbietung. Sie können einen Sachverhalt mit zahlreichen Fremd- und Fachwörtern spicken und einen Schachtelsatz nach dem anderen bauen. Die Folge wird allerdings sein, dass Ihnen kaum ein Zuhörer wird folgen können oder wollen — und das sollten Sie vermeiden. Ihre fachlichen Kompetenzen stehen hier nicht im Vordergrund, vielmehr geht es darum, ob Sie sich verständlich ausdrücken und komplexe Sachverhalte klar darstellen können:

- Bilden Sie daher kurze, aussagekräftige und verständliche Sätze.
- Verwenden Sie aussagekräftige Schlagwörter, die Sie nicht weiter erklären müssen.
- Nutzen Sie die Kraft anschaulicher Bilder oder Vergleiche. Das macht Ihren Vortrag nicht nur verständlicher, sondern auch lebendiger. Zudem ersetzt ein Vergleich so manches Mal mühsame Erklärungen.
- Vermeiden Sie zu viele Fremdwörter oder Fachbegriffe bzw. verwenden Sie diese nur, wenn Sie davon ausgehen können, dass die Zuhörer sie auch kennen.
- Vermeiden Sie „Ähs" und dergleichen. Solche Laute lassen Sie unsicher wirken. Machen Sie lieber öfter mal eine kurze Pause. Dabei können nicht nur Sie Ihre Gedanken sammeln und Ihren nächsten Satz andenken, sondern Sie geben den Zuhörern auch kurz Zeit, Ihre Aussagen zu reflektieren.

6.1.4 Visuelle und technische Hilfsmittel

Visuelle und technische Hilfsmittel sind eine feine Sache, etwa um komplexe Zusammenhänge darzustellen. Wenn Sie sie sinnvoll einsetzen, kann Ihr Publikum Ihnen besser folgen und wird sich auch mehr von dem merken können, was Sie präsentieren. Das gilt übrigens auch für die Beobachter, die in diesem Fall ja besonders wichtig sind.

Allerdings sollten Sie visuelle Hilfsmittel nicht um jeden Preis nutzen. Falls Sie noch keinerlei Erfahrung mit Overhead-Projektoren gemacht haben, sollten Sie nicht im Assessment Center damit anfangen, welche zu sammeln. Weichen Sie dann lieber auf eine eventuell vorhandene Wandtafel oder ein Flipchart aus. Achten Sie darauf, Ihre Präsentation nicht mit Schaubildern, Grafiken, Auflistungen oder Skizzen zu überfrachten.

Der Einsatz visueller Hilfsmitteln wird von den Assessoren in der Regel positiv eingeschätzt, allerdings sollte er auch angebracht sein. Überlegen Sie sich also vorab, ob und wann es Sinn macht, diese zu nutzen. Ein gut eingesetztes Schaubild erleichtert nicht nur die Erklärungsarbeit, sondern es spart in der Regel auch viel Zeit, die Sie dann für andere wichtige Argumente nutzen können. Wenn Ihnen unterschiedliche Farben zur Verfügung stehen, nutzen Sie sie. Doch Vorsicht: Ein Schaubild sollte übersichtlich bleiben und nicht einfach nur bunt werden.

! **ACHTUNG**

Wenn Sie mit einer Wandtafel oder einem Flipchart arbeiten, achten Sie darauf, dass alle Zuhörer lesen können, was Sie notieren. Schreiben Sie also groß genug und leserlich. Fragen Sie ggf. die Zuhörer in den letzten Reihen, ob Sie größer schreiben sollen.

Sie können die Hilfsmittel natürlich auch nutzen, um sich selbst eine kleine Hilfestellung zu geben. Wenn es sich anbietet, verfassen Sie eine kleine Agenda Ihres Vortrags, die Sie dann mithilfe des Overhead-Projektors an die Wand projizieren. So wissen nicht nur die Zuhörer immer genau, wo Sie sich in Ihrer Präsentation gerade befinden, sondern auch Sie selbst. Das kann vor allem dann sehr hilfreich sein, wenn Sie bei Präsentationen sehr aufgeregt sind und öfter mal den Faden verlieren.

6.1.5 Zeitvorgaben

Die Zeitvorgaben im Assessment Center sind keine Orientierungshilfen, sondern Vorgaben, an die Sie sich strikt halten sollten. Das gilt auch bei Präsentationen. Planen Sie Ihren Vortrag auf das vorgegebene Zeitlimit. Achten Sie darauf, dass Sie nicht überziehen, denn meistens werden Vorträge nach Ablauf der Zeitvorgabe abgebrochen, und zwar unabhängig davon, ob Sie Ihren Vortrag beendet haben oder nicht.

Wenn sich abzeichnet, dass Sie vor Ablauf der Zeit mit Ihrem Vortrag fertig sein werden, haben Sie die Möglichkeit, die restliche Zeit für Fragen aus dem Publikum zu nutzen. Warten Sie dann allerdings nicht auf Reaktionen der Zuhörer, sondern fordern Sie sie aktiv auf. Kommt eine Diskussion auf oder sind mehrere Fragen zu beantworten, leiten Sie den Ablauf des Ganzen, ggf. moderieren Sie. Damit sammeln Sie Punkte, behalten den Überblick und verlieren sich nicht im Lauf der Diskussion.

6.1.6 Zwischen- und Verständnisfragen

Bei den meisten Assessment Centern obliegt das Fragerecht ausschließlich den Beobachtern. Das liegt in erster Linie daran, dass man anderen Bewerbern nicht die Möglichkeit geben möchte, den Referenten mit bestimmten oder provokanten Fragen in die Enge zu treiben und sie damit schlecht dastehen zu lassen. Doch unabhängig davon, wer Fragen stellt: Lassen Sie sich durch Zwischen- oder Verständnisfragen nicht aus der Ruhe bringen. Sie haben durchaus das Recht, sich Ihre Antwort kurz zu überlegen. Zu lange sollte die Pause allerdings auch nicht sein.

6.2 Selbstpräsentation

Viele Assessment Center beginnen mit einer sogenannten Selbstpräsentation. Dabei stellen sich die Bewerber im Kreis der übrigen Kandidaten den Beobachtern kurz oder auch etwas länger vor. Im Zentrum der Präsentation stehen dabei Sie, Ihre Ausbildung, Ihre berufliche Erfahrung, Ihre Qualifikationen und warum Sie glauben, die passende Besetzung für die ausgeschriebene Stelle zu sein. Die Jury beobachtet dabei vor allem folgende Kompetenzen:

- Kommunikationsfähigkeit
- Selbsteinschätzung, Selbstreflexion
- Selbstständiges Arbeiten
- Strukturiertes Arbeiten
- Ausstrahlung, Ausdrucksverhalten
- Kombinationsfähigkeit und Analytisches Denken
- Sprachliches Ausdrucksvermögen

6.2.1 Die Macht des ersten Eindrucks

Diese erste Übung wird von vielen Teilnehmern unterschätzt. Es handelt sich dabei nicht um eine lockere Einstimmung auf den Tag. Im Gegenteil, es handelt sich bereits um eine Übung im Auswahlverfahren! Die Beobachter verschaffen sich einen ersten Eindruck von den Kandidaten, der erfahrungsgemäß auch im weiteren Verlauf ausschlaggebend bleibt. Wer sich selbst überzeugend darstellt, wird bei den übrigen Aufgaben anhand dieser Grundlage bewertet und kann sich vorab einen Bonus erarbeiten.

● **TIPP**

Nutzen Sie die Chance, sich von den anderen Kandidaten qualitativ abzuheben und einen positiven Eindruck bei den Beobachtern zu hinterlassen, indem Sie sich auf diese Übung gut vorbereiten. Wer hier eine mittelprächtige oder schlechte Leistung abliefert, wird es im Verlauf des Assessment Centers schwerer haben, die Beobachter für sich zu gewinnen. Schließlich sind auch die Assessoren nicht frei von persönlichen und subjektiven Wahrnehmungen.

Für die Selbstpräsentation haben Sie in der Regel keine oder nur eine kurze Vorbereitungsphase von wenigen Minuten, von der Redezeit der übrigen Teilnehmer einmal abgesehen. Überlegen Sie sich deshalb schon zu Hause, was Sie sagen wollen. Als Redezeit stehen Ihnen zwischen einer und sieben oder acht Minuten zur Verfügung, abhängig davon gestalten Sie auch den Inhalt Ihrer Selbstpräsentation. Bei einer einminütigen Vorstellung gehen Sie nur kurz und knapp auf Ihre persönlichen Daten, Ihre Ausbildung und Ihre berufliche Erfahrung ein: derzeitiger Arbeitgeber, bei Studenten auf Studienschwerpunkte oder Praktika. Je mehr Zeit Ihnen zur Verfügung steht, desto weiter können Sie ausholen und auf Ihre Erfahrungen und Qualifikationen eingehen.

! **WICHTIG**

Auch wenn Sie Ihre Selbstpräsentation noch so gut vorbereitet haben und den Beobachtern gerne viel über sich sagen möchten, halten Sie sich auf jeden Fall an die Vorgabe, selbst wenn sie nur eine Minute oder gar nur 30 Sekunden Zeit bekommen! Ihre Vorbereitung ist nicht umsonst, spätestens im persönlichen Interview werden Sie darauf zurückgreifen können.

6.2.2 Vorbereitung

Gehen Sie nicht davon aus, dass Ihnen aus dem Stand heraus eine gelungene Selbstdarstellung gelingt. Die Einstellung „Ich weiß doch, was ich kann" bringt Sie nicht weiter. Machen Sie sich klar, dass die Zeit während eines Assessment Centers knapp bemessen ist und die meisten Teilnehmer zu Beginn sehr angespannt sind. Das gilt für Berufseinsteiger wie für Berufserfahrene. Schnell werden wichtige Erfahrungen vergessen oder man verfällt ins Detail.

Um sich selbst überzeugend präsentieren zu können, müssen Sie zuerst ein paar Vorleistungen erbringen. Auf gar keinen Fall macht es Sinn, den eigenen Lebenslauf chronologisch auszuformulieren und das Ergebnis dann auswendig vorzutragen. Außerdem zählt hier nicht Quantität, sondern Qualität. Entsprechend müssen Sie die Schlüsselpositionen und -qualifikationen, die für die angestrebte Stelle ausschlaggebend oder interessant sind, aus Ihrem Lebenslauf herausfiltern und in den Vortrag einbauen. Es interessiert nicht, wo und wann Sie geboren wurden, welche Schule Sie wie lange besucht haben oder wie Ihre Eltern mit Vornamen heißen.

Anhand der folgenden Punkte und Fragen können Sie die zentralen Inhalte Ihrer Selbstpräsentation erarbeiten. Welche Fähigkeiten sind für die Stelle relevant? Und was können Sie?

1. Ermitteln Sie die relevanten Qualifikationen, etwa anhand der Stellenausschreibung oder einer Aufgabenbeschreibung.
2. Listen Sie dazu Ihre Berufserfahrung aus Anstellungen, Projektarbeiten, Praktika, Studentenjobs etc. auf. Dabei geht es nicht um die einzelnen Arbeitgeber oder einen wohlklingenden Titel, sondern um Arbeitsinhalte, Aufgaben und Verantwortungsbereiche.
3. Notieren Sie Ihre Soft Skills und Stärken. Wo und wie konnten Sie sie bislang unter Beweis stellen?
4. Was haben Sie studiert und welche Fähigkeiten haben Sie während des Studiums erworben?
5. Welche relevanten Schwerpunkte haben Sie im Rahmen Ihres Studiums gewählt und warum?
6. Welche Ihrer aufgelisteten Erfahrungen sind für die angestrebte Stellung relevant, welche besonders aussagekräftig?
7. Warum sind gerade Sie die geeignete Person für die ausgeschriebene Stelle?

Um Ihnen die Bestandsaufnahme Ihrer Qualifikationen, Fähigkeiten und Stärken zu erleichtern, haben wir eine Liste zusammengestellt, an der Sie sich bei Ihrer Sammlung orientieren können:

- Abschlüsse? (Schule, Lehre, Studium)
- Berufserfahrung?Fort- und Weiterbildung? (Seminare, VHS-Kurse)Bundeswehr/Zivildienst?
- Praktika?Auslandsaufenthalte?Fremdsprachenkenntnisse?EDV-Kenntnisse
  - Anwenderprogramme? (MS Office, Power Point etc.)
  - Entwicklung, Programmierung? (Java, HTML, etc.)
  - SAP? (Anwender/Entwickler)
  - Spezielle EDV-Kenntnisse? (Datenbanken, CAD)
- Soziales, politisches oder ehrenamtliches Engagement? (Kassenwart, Freiwillige Feuerwehr, Gemeinderat etc.)
- Lehrtätigkeiten? (Hiwi, Nachhilfe, VHS)Übungsleiter? (Uni, Jugendtrainer, Theatergruppe)Au Pair?Freiwilliges Soziales Jahr?
- Ferien- oder Nebenjobs?Hobbys und Interessen?

Erarbeiten Sie auch, wie es um Ihre Soft Skills bestellt ist:

- Analytische Fähigkeiten?
- Ausdauer?
- Belastbarkeit?
- Delegationsfähigkeit?
- Durchsetzungsvermögen?
- Eigeninitiative?
- Einfühlungsvermögen?
- Einsatz- und Leistungsbereitschaft?
- Entscheidungsstärke?
- Fähigkeit zur Selbstkritik?
- Führungspotenzial/Führungserfahrung?
- Führungsverhalten?
- Kombinationsfähigkeit?
- Kommunikationsfähigkeit?
- Kompromissfähigkeit?
- Kooperationsfähigkeit?
- Kreativität?
- Kritikfähigkeit?
- Logisches Denken?
- Mitarbeitermotivation?
- Mobilität?
- Organisations- und Planungsfähigkeit?
- Personalführung?
- Problemlösungsfähigkeit?
- Reflexionsfähigkeit?
- Selbstorganisation und Zeitmanagement?
- Selbstständiges Arbeiten?
- Setzen von Prioritäten?
- Strukturiertes Denken?
- Teamfähigkeit?
- Überzeugungskraft?
- Unternehmerisches Denken?
- Zielstrebigkeit, Zielorientierung?

6.2.3 Inhalt, Struktur und Aufbau der Selbstpräsentation

Das Thema Ihrer Präsentation sind Sie mit Ihren berufliche Erfahrungen und Ihrer Ausbildung. Achten Sie aber beim Aufbau der Präsentation darauf, dass Sie möglichst immer einen Bezug zu den Anforderungen der zu besetzenden Stelle herstellen. Das muss nicht explizit geschehen, sollte aber offensichtlich sein. Der Zuhörer muss stets den roten Faden in Ihrer Präsentation erkennen; dies gelingt, indem Sie sich immer wieder auf die ausgeschriebene Stelle beziehen oder eine klare und zielgerichtete Linie in Ihrem Lebenslauf erkennen lassen. Eine willkürliche und unstrukturierte Aneinanderreihung von Qualifikationen wirkt nur wenig überzeugend, ganz egal, wie bedeutsam diese auch sein mögen.

Beginnen Sie nach einer kurzen persönlichen Vorstellung samt Namen, Alter und Zielsetzung mit den beruflichen Tätigkeiten, die Ihre Qualifikation für die Stelle belegen und am besten untermauern. Stellen Sie diese ausführlich dar und gehen Sie dabei auf spezielle Aufgaben und Bereiche ein, für die Sie zuständig bzw. verantwortlich waren oder noch sind. Führen Sie Ihre Erfahrungen im Alltagsgeschäft an, um zu belegen, dass Sie hier bestehen können. Achten Sie darauf, sich auf die wesentlichen Dinge zu konzentrieren und sich nicht in Details zu verlieren. Dadurch demonstrieren Sie, dass Sie Prioritäten setzen und Zusammenhänge herstellen können.

! ACHTUNG

Beschreiben Sie Ihre Qualifikationen und Stärken, aber bewerten Sie sie nicht selbst. Die Einschätzung Ihrer Fähigkeiten und Erfahrungen sollten Sie den Beobachtern überlassen.

6.2.4 Berufseinsteiger

Für Berufseinsteiger gilt: Sie können Ihre Erfahrungen auch im Rahmen eines Praktikums, von Projektarbeit oder als Werksstudent erworben haben und damit Ihre Fähigkeiten belegen. Mit dem Studium oder Ihrer Ausbildung an sich zu beginnen ist allerdings der leichteste Einstieg. Legen Sie den Schwerpunkt nicht auf Ihre Studienfachwahl (Ausbildungsbezeichnung) oder Ihre Pflichtfächer. Vielmehr heben Sie sich von den anderen durch Ihre Wahlbereiche und Ausbildungsschwerpunkte ab. Konzentrieren Sie sich deshalb darauf, diese genauer herauszuarbeiten. Wichtig ist hier, dass Sie eine Brücke zwischen Ihrer Ausbildung und den Anforderungen der Anstellung bauen und Ihre Qualifikation somit belegen können. Ein weiterer Höhepunkt kann Ihre Abschluss- oder Doktorarbeit sein, wenn sich das Thema einbinden lässt oder Sie im Rahmen von Forschungsarbeiten praktische Erfahrungen sammeln konnten.

Geben Sie Ihrem Studium bzw. Ihrer Ausbildung aber nicht zu viel Raum. Die Beobachter sind eher an Ihren praktischen Erfahrungen interessiert als an Ihren Studienfächern. Wenn Sie den Schwerpunkt auf Ihre praktischen Erfahrungen legen, sprich auf Ihre freiwilligen Praktika, zeigen Sie zudem, dass Sie motiviert sind, über das übliche Maß der Ausbildung hinaus Zeit und Arbeit investiert haben und wissen, was Sie erreichen wollen. Je stärker Sie Ihre Erfahrungen mit der Stelle verknüpfen können, umso überzeugender wirken Sie.

6.2.5   Schlüsselwörter

Bauen Sie bei der Ausarbeitung und Formulierung Ihrer Präsentation möglichst aussagekräftige Schlüsselwörter ein, auf die die Beobachter reagieren und die sie im Gedächtnis behalten. Um hier die richtigen Begriffe zu finden, befassen Sie sich vorab mit den Aufgaben und Anforderungen der zu besetzenden Stelle sowie dem Berufsfeld oder der Branche allgemein. Hilfreich sind dabei die Stellenausschreibung sowie die Internetseite des Unternehmens oder der Organisation.

Wir haben hier Schlüsselbegriffe für einige Berufsfelder zusammengetragen. Diese Listen sind weder vollständig noch allgemeingültig, sondern sollen als Beispiele dienen, wie eine solche Liste aussehen kann.

Beispielhafte Schlüsselwörter für das Berufsfeld Vertrieb

- Verkaufsförderung
- Vermarktung
- Vertriebscontrolling
- Preisgestaltung
- Produktpolitik
- Preispolitik
- Vertriebsprozesse
- Marketing

Beispielhafte Schlüsselwörter für das Berufsfeld Beratung

- Prozessanalyse
- Prozessoptimierung
- Projektmanagement
- Kostenmanagement
- Projektkoordination
- Change Management
- Organisationsentwicklung
- Qualitätssicherung
- Restrukturierung
- Kosten-Nutzen-Analyse
- Outsourcing

Beispielhafte Schlüsselwörter für das Berufsfeld Marketing

- Branding
- Corporate Branding
- Imagepositionierung
- Marktforschung
- Meinungsforschung

- Marktanteile
- Cross Selling, Up Selling
- Zielgruppenorientierung
- Strategische Marketingziele
- Marktsegmentierung

Beispielhafte Schlüsselwörter für das Berufsfeld Controlling

- Planungsunterlagen
- Ressourcen
- Budget, Account
- Zielkonformität
- Kennzahlen
- Deckungsbeitrag
- Forecasts

- Steuerung, Koordination
- Controllingprozesse
- Balanced Scorecard
- Shareholder Value
- Operatives Controlling
- Corporate Finance

Beispielhafte Schlüsselwörter für das Berufsfeld Banken und Finanzen

- Kreditsicherheiten
- Hedge Fonds
- Wertpapierhandel
- Debitorenbuchhaltung
- Kreditorenbuchhaltung
- Diskontgeschäft

- Zahlungsverkehr
- Portfolio
- Leasing
- Refinanzierung
- Emmissionsgeschäft

Beispielhafte Schlüsselwörter für das Berufsfeld IT

- Outsorcing
- IT-Infrastruktur
- IT-Systemlösungen
- IT-Support
- IT-Service-Level

- E-Services
- Geschäftsprozesse
- IT-Projektmanagement
- IT-Servicemanagement
- Systemadministrator

Es nützt Ihnen nichts, wenn Sie Schlüsselbegriffe wie diese wahllos in Ihre Präsentation einarbeiten. Gleichen Sie Ihre auf Grundlage der ausgeschriebenen Stelle erarbeitete Liste mit Ihren eigenen praktischen Erfahrungen ab und bauen Sie die Treffer in Ihre Präsentation ein, zum Beispiel:

- „Dort habe ich für eine Kundenumfrage die Fragestellungen für Cross und Up Selling sowie für die Marktsegmentierung erarbeitet."
- „Im Rahmen meines Praktikums habe ich an einer Kosten-Nutzen-Analyse mitgearbeitet. Ich konnte dabei Erfahrungen in den Bereichen Prozessanalyse und Prozessoptimierung sammeln."

6.2.6 Anfang und Ende der Präsentation

Prinzipiell bleiben dem Publikum eines Vortrags der Beginn sowie der Schluss einer Präsentation am besten in Erinnerung. Deshalb sollten Sie die wichtigsten Informationen und interessantesten Fakten am Ende zusammenfassen, damit sie sich im Gedächtnis der Zuhörer festsetzen. Das ist bei der Selbstpräsentation besonders wichtig, denn hier geht es in erster Linie darum, warum Sie glauben, für die Stelle die beste Besetzung zu sein.

Denken Sie daran, sich nach Ihrer Selbstpräsentation bei der Zuhörerschaft für deren Aufmerksamkeit zu bedanken. Das zeigt, dass Sie auch unter Stress ein freundlicher und höflicher Mensch sind. Mit Fragen der Zuhörer müssen Sie bei dieser Aufgabe nicht rechnen, wobei es den Beobachtern natürlich freisteht, an dem einen oder anderen Punkt nachzuhaken.

6.2.7 Länge der Selbstpräsentation

Auch für die Selbstpräsentation gilt: Halten Sie sich an die Zeitvorgabe. Ist Ihre Präsentation zu kurz, kann der Eindruck entstehen, Sie hätten wenig zu bieten, würden sich selbst nicht kennen oder könnten sich nicht entsprechend verkaufen. Das Letztere wird in diesem Fall nur schwer von der Hand zu weisen sein. Finden Sie keinen Abschluss und versuchen Sie, das Zeitlimit zu überschreiten, werden Sie wahrscheinlich gnadenlos von den Beobachtern unterbrochen. Sie hinterlassen dann den Eindruck, Sie könnten sich nicht auf das Wesentliche konzentrieren. Hinzu kommt, dass Sie unter diesen Umständen wohl tatsächlich nicht all Ihre Stärken, Qualifikationen und Erfahrungen haben vorbringen können. Behalten Sie daher immer die Uhr im Auge.

TIPP

Bereiten Sie mindestens zwei, besser drei Varianten Ihrer Selbstpräsentation vor: eine einminütige, eine zwei- bis dreiminütige sowie eine fünf- bis sechsminütige Fassung. Und: Jeder Kandidat möchte überzeugen. Dennoch gilt als oberstes Gebot, sich selbst treu und ganz bei sich zu bleiben. Unnatürliches Verhalten, etwa einen affektierten Sprachgebrauch, übermäßige Gesten oder dergleichen, sollten Sie unbedingt vermeiden.

International ausgerichtete Unternehmen verlangen manchmal von den Kandidaten, die Selbstpräsentation in englischer Sprache abzuhalten. Wer von einem solchen eingeladen wurde, sollte also auch eine englische Version des Vortrags vorbereiten.

Viele Bewerber machen den Fehler, Ihre Selbstpräsentation schriftlich vorzuformulieren und auswendig zu lernen. Davon sollten Sie Abstand nehmen. Merken Sie sich lediglich den Aufbau Ihrer Präsentation, ggf. anhand einiger Schlagwörter, und tragen Sie Ihre Präsentation frei vor. Das wirkt authentischer und überzeugender. Schriftlich formulierte Texte stimmen meist nicht mit dem Sprachgebrauch mündlicher Vorträge überein, es lässt sich also in der Regel leicht erkennen, wenn jemand einen auswendig gelernten Text vorträgt!

Das folgende Beispiel stellt eine misslungene Selbstpräsentation dar.

BEISPIEL

Hallo zusammen,
ich bin Timo Klein. Ich bin 28 Jahre alt, habe zwei ältere Schwestern und komme aus Kaiserslautern. Ich bin leidenschaftlicher Rennfahrer und Schwimmer. Meine Hobbys musste ich in den letzten Monaten leider etwas vernachlässigen, denn ich habe für meine Prüfungen lernen müssen. Ich habe vor zwei Monaten mein BWL-Studium erfolgreich abgeschlossen und bin nun auf der Suche nach einer Anstellung. Aber deshalb sind wir ja alle hier! Stimmt's?
Ja, wie gesagt, ich habe neun Semester BWL studiert in Frankfurt am Main. Ich habe mich schon immer fürs Controlling interessiert. Deshalb habe ich auch im Studium meinen Schwerpunkt darauf ausgerichtet. Für meine Diplomarbeit habe ich mir deshalb auch ein Thema rund ums Controlling gesucht.
Um mich von der Masse der Bewerber abzuheben, habe ich in den Semesterferien einige Praktika gemacht. Etwa in München bei BMW. Es hat mir dort sehr gut gefallen. Die Aufgaben waren interessant und die Leute sehr nett und hilfsbereit. Die haben mich immer unterstützt.

Außerdem war ich bei der Hübbe GmbH im Taunus, einem mittelständischen Betrieb, und bei der Commerzbank in Frankfurt. Ein Auslandsemester habe ich in den USA an der Universität in Houston absolviert. Anschließend habe ich dort noch ein Praktikum bei einer kleineren Unternehmensberatung gemacht. Wenn man schon mal da ist, oder? Na ja, deshalb ist mein Englisch inzwischen auch sehr gut, schriftlich wie mündlich. Verhandlungssicher sozusagen. Ich könnte mir also auch gut vorstellen, im Ausland zu arbeiten, da bin ich offen. Aber jetzt schauen wir erst einmal, ob es heute hier mit der Stelle klappt.

Machen Sie nicht den Fehler, die Selbstpräsentation mit einer lockeren Vorstellungsrunde bei einer Freizeitveranstaltung zu verwechseln. Hier geht es nicht darum, sich als lustigen und freizeittauglichen Kumpel zu empfehlen, sondern um berufliche Qualifikationen und Fähigkeiten. Dabei scheint der Kandidat doch einige Erfahrungen gesammelt zu haben, mit denen er bei der Vorstellungsrunde hätte punkten können. Da er seine beruflichen Stationen und Qualifikationen leider nur oberflächlich aufgezählt hat, bleiben viele Fragen offen, beispielsweise:

- Was hat ihn schon immer am Controlling interessiert?
- Wie lautete das Thema der Diplomarbeit? Außerdem hätte er auch ein bis zwei Sätze über den Inhalt seiner Arbeit sagen können.
- Was hat er bei der Hübbe GmbH bzw. bei der Commerzbank gemacht?
- In welcher Abteilung hat er bei BMW ein Praktikum absolviert? Was hat er dort gemacht, was gelernt? Was fand er denn dort so interessant?
- Warum mussten ihn die Mitarbeiter unterstützen? War er etwa mit den ihm übertragenen Aufgaben überfordert?

Achten Sie darauf, dass Ihre Ausführungen Sie nicht in ein schlechtes Bild rücken. Wenn Sie beispielsweise sagen, dass alle Mitarbeiter an einer Arbeitsstelle nett waren und Sie immer unterstützt haben, kann der Eindruck entstehen, dass Sie deren Hilfe tatsächlich nötig hatten, weil Sie alleine mit den Ihnen gestellten Aufgaben nicht zurechtkamen. Es wäre sicherlich besser und unverfänglicher gewesen, wenn der Bewerber stattdessen gesagt hätte: „Die Aufgaben waren interessant und die Leute nett. Ich habe dort sehr viel gelernt."

TIPP

Fast jeder hat eine oder mehrere Schwachstellen in seinem Lebenslauf. Dennoch gilt: Streichen Sie diese aus Ihrer Selbstpräsentation. Niemand zwingt Sie, die Beobachter darauf aufmerksam zu machen. Achten Sie vielmehr darauf, eine positive Grundatmosphäre zu schaffen. Sie werden wahrscheinlich im Interview noch ausreichend Gelegenheit bekommen, Ihre Schwächen und Lücken zu erklären.

An dieser Stelle folgt die verbesserte Selbstpräsentation von Timo Klein.

▶ **BEISPIEL**

Guten Morgen!

Mein Name ist Timo Klein, ich bin 28 Jahre alt und möchte mich heute für einen Platz im International-Management-Trainee-Programm für den Bereich Controlling und Accounting empfehlen. Ich habe an der Universität Frankfurt Betriebswirtschaftslehre studiert und meinen Schwerpunkt dabei bereits auf den Bereich Controlling, Finanzen und Rechnungswesen gelegt.

Als Hiwi habe ich am Lehrstuhl von Professor Flüger zwei Jahre lang an den Forschungsarbeiten zum Thema Unternehmensbewertungen mitgearbeitet. Ich habe dabei hauptsächlich Unternehmensdaten zusammengetragen, dokumentiert und ausgewertet. Im Rahmen meiner Diplomarbeit habe ich mich mit dem Controlling in sogenannten Non-Profit-Organisationen und den damit verbundenen Schwierigkeiten beschäftigt.

Erste praktische Erfahrungen im Bereich Controlling konnte ich bereits bei einigen Praktika sammeln. Bei den Bayerischen Motorenwerken in München etwa habe ich an einem Projekt zur Kostenoptimierung einer neuen Fahrzeugreihe mitgearbeitet. Ich habe das Team vor allem bei der Analyse von Kalkulationen und Forecasts unterstützt. Die Aufgaben waren interessant, die Leute sehr nett und ich habe dort viel gelernt.

Das gilt auch für meine Erfahrungen als Praktikant bei der Hübbe GmbH, einem großen mittelständischen Unternehmen im Taunus. Dort habe ich an der Weiterentwicklung eines neuen Planungstools für die Bilanz- und Kostenstellenplanung mitgewirkt. Vor zwei Jahren durfte ich im Rahmen eines Praktikums bei der Commerzbank den Jahreswechsel im Controlling mit vorbereiten.

Ich spreche Französisch, etwas Italienisch und fließend Englisch. Letzteres verdanke ich vor allem einem Auslandssemester an der Rice University in Houston, Texas. Auch dort habe ich meinen Schwerpunkt in den Bereich Controlling gelegt, etwa mit Kursen wie Corporate Finance und Foundations of Accounting. Im Anschluss daran und um auch einmal einen anderen Blickwinkel zu gewinnen, habe ich zwei Monate bei einer kleinen Unternehmensberatung in Houston in einem Projektteam mitgearbeitet. Ich war dort sowohl für die Dokumentation einer Migration zuständig als auch Ansprechpartner für den Kunden für Problemlösungen. Mir hat der Aufenthalt in den USA sehr gut gefallen und ich kann mir durchaus vorstellen, ein paar Jahre im Ausland zu arbeiten.

Abschließend lässt sich sagen, dass mir der Umgang mit Zahlen schon immer Spaß gemacht hat. Während meiner Praktika habe ich festgestellt, dass ich über gute analytische und konzeptionelle Fähigkeiten verfüge und mir das Arbeiten mit Zahlen und Daten auch im Alltagsgeschäft Freude bereitet.

Ich bedanke mich für Ihre Aufmerksamkeit.

Diese Version der Selbstpräsentation überzeugt. Der Einstieg ist einfach, aber gelungen, der Kandidat unterstreicht hiermit die Ernsthaftigkeit seiner Bewerbung. Der Vortrag selbst ist gut strukturiert und beinhaltet aussagekräftige Informationen über den Kandidaten.

6.2.8   Steckbrief

Alternativ zur Selbstpräsentation wird in manchen Fällen von den Kandidaten ein handschriftlicher Steckbrief gefordert. Hierfür werden in der Regel zwischen zehn und 15 Minuten eingeräumt. Die Kandidaten müssen dabei ihren Lebenslauf oder ihre Qualifikationen niederschreiben.

> **! WICHTIG**
>
> Handschriften mögen den Charakter widerspiegeln; Sie sollten beim Steckbrief jedoch darauf achten, dass die Beobachter nicht nur Ihren Charakter erkennen, sondern Ihre Notizen auch lesen können. Schreiben Sie deshalb in ausreichend großen Buchstaben und leserlich. Dies gilt nicht nur für Ihren Steckbrief, sondern für alle Übungen, bei denen Sie Handschriftliches abgeben müssen, etwa für die Postkorbübung oder Aufsätze.

In der Regel genügt es, wenn Sie stichwortartig vorgehen. Verschwenden Sie keine Zeit mit ausführlichen Formulierungen, es sei denn, die Aufgabenstellung verlangt dies ausdrücklich.

In manchen Fällen werden die Kandidaten gebeten, sich anhand ihres Steckbriefs den übrigen Bewerbern sowie den Beobachtern kurz vorzustellen.

Die folgende Liste verdeutlicht, worauf Sie bei einer Präsentation besonders achten sollten:

- Bereiten Sie die Selbstpräsentation bereits zu Hause sorgfältig vor, am besten in zwei oder drei unterschiedlich langen Versionen.
- Erstellen Sie eine Liste mit Schlüsselwörtern für die ausgeschriebene Stelle, gleichen Sie die Liste mit Ihren Qualifikationen ab und bauen Sie die Trefferbegriffe in Ihre Präsentation ein.
- Bewerten Sie Ihre Fähigkeiten nicht. Beschreiben und untermauern Sie diese stattdessen mit Beispielen.
- Achten Sie darauf, dass Ihre Präsentation einen roten Faden hat.
- Stellen Sie sich zu Beginn Ihrer Präsentation kurz mit Namen, Alter und Ihrer Zielsetzung vor.

- Bilden Sie kurze, verständliche Sätze.
- Halten Sie das Zeitlimit im Auge.
- Fassen Sie am Ende die wichtigsten und interessantesten Punkte zusammen.
- Lernen Sie Ihre Selbstdarstellung nicht auswendig, merken Sie sich lieber ein paar Stichworte. Frei vorgetragene Präsentationen wirken authentischer und überzeugender.
- Bedanken Sie sich am Ende für die Aufmerksamkeit.

6.3 Themenpräsentationen

Viele Themen für Präsentationen und Vorträge in Assessment Centern haben einen Bezug zum Berufsfeld der ausgewiesenen Stelle. Das kann etwa ein Blick auf die Branche oder in die Zukunft des Unternehmens oder gewisser Märkte sein. Ebenso kommen berufliche Qualifikationen oder politische, gesellschaftliche sowie soziale Themen vor, der Vielfalt sind hier keine Grenzen gesetzt. Wie bei den Gruppendiskussionen sind die Themen aber eher generell gehalten, damit alle Teilnehmer mitreden können. Das gilt vor allem bei Berufsanfängern.

6.3.1 Vorbereitung zu Hause

Im Gegensatz zur Selbstpräsentation können Sie Themenvorträge nur bedingt vorbereiten, da Sie die Fragestellung in der Regel erst während das Assessment Centers erfahren. Das sollte Sie allerdings nicht davon abhalten, sich auch für diese Art von Präsentation im Vorfeld fit zu machen.

6.3.2 Vorträge halten

Sie können branchen- oder berufsspezifische Themen auswählen, diese inhaltlich aufbereiten und vor Freunden und Bekannten präsentieren. Dadurch gewinnen Sie vor allem Sicherheit. Sie werden flüssiger sprechen und Ihr Auftritt wird selbstbewusster sein. Scheuen Sie sich nicht davor, um konstruktives Feedback aus der Zuhörerschaft zu bitten.

Wichtig ist, sich vorab gut zu informieren. Das gelingt am besten, wenn Sie während der Zeit vor dem Assessment Center intensiv Zeitungen und Zeitschriften lesen und dabei speziell auf das Unternehmen achten, bei dem Sie an einem Assessment Center teilnehmen. Informieren Sie sich auch über die Branche und ggf. über Konkurrenzunternehmen.

Empfehlenswert sind die Wirtschaftsteile der großen deutschen Tages- und Wirtschaftszeitungen, Wochenzeitungen wie der „Spiegel" sowie Fachzeitschriften. Einen Einblick in die wichtigsten Themen und Daten eines Unternehmens erhalten Sie auch auf dessen Internetseiten, im Geschäftsbericht, in Firmenbroschüren oder mittels Suchmaschinen im Internet. Mit den Informationen, die Sie hier finden, sind Sie für verschiedenste Fragen gewappnet.

Themenbeispiele für Präsentationen und Vorträge

- Wie werden die zukünftigen Entwicklungen in der Lebensmittelindustrie bzw. Pharmaindustrie derzeit eingeschätzt?
- Wo sehen Sie in unserer Branche Chancen, neue Märkte zu erschließen? Welche Risiken können damit verbunden sein?
- Wie bleibt man in unserer Branche markt- bzw. konkurrenzfähig?
- Sollte die Wasserversorgung in Deutschland privatisiert bzw. liberalisiert werden?
- Ist kreative Werbung erfolgreicher?
- Wie sieht die Zukunft der Tageszeitungen aus?

Beliebt sind auch allgemeine, berufsqualifizierende Fragen, zum Beispiel:

- Woran erkennt man Führungsqualitäten? Was macht eine gute Führungskraft aus?
- Wie sieht Ihrer Meinung nach eine erfolgreiche Mitarbeitermotivation aus?
- Wann schadet die Hierarchie der Teamfähigkeit?

! **WICHTIG**

Wunderbar vorbereiten lässt sich die Vorstellung Ihrer Studienabschluss- oder Doktorarbeit. Vor allem Chemie- oder Pharmaspezialisten werden aufgefordert, Ihre Arbeiten vorzustellen, frischgebackenen Wirtschaftswissenschaftlern kann dies ebenfalls passieren.

6.3.3 Vorbereitungszeit und Dauer der Präsentation

Anders als bei vielen anderen Aufgaben haben Sie bei der Präsentation meist eine etwas längere Vorbereitungszeit. Freuen Sie sich nicht zu früh, denn auch sie fällt nicht allzu üppig aus. Rechnen Sie mit zehn bis 15 Minuten, die Länge des Vortrags kann zwischen zehn und 20 Minuten variieren. Meist hängt der Zeitraum von der Anzahl der Bewerber bzw. der Teilnehmer des Assessment Centers ab. Je mehr Teilnehmer mitmachen, desto kürzer ist meist die Vortragszeit.

Fallen Vorbereitungszeit und Präsentationsdauer wesentlich kürzer aus, kann es sein, dass zusätzlicher Druck entstehen soll. Auf dem Prüfstand stehen dann Ihre Belastbarkeit sowie Ihre Stressresistenz bzw. das Stressverhalten. Um die Situation weiter zu verschärfen, stellen die Beobachter während oder nach der Präsentation kritische und provokante Fragen, die unter Umständen auch persönlich werden können. In einem solchen Fall gilt: Atmen Sie tief durch und bleiben Sie auf jeden Fall ruhig. Reagieren Sie keinesfalls aggressiv, äußern Sie sich sachlich. Die Angriffe können persönlich werden, aber Sie werden nicht wirklich angegriffen. Das müssen Sie sich verdeutlichen. Die Beobachter versuchen lediglich, eine gereizte Atmosphäre zu schaffen. Sie wollen Ihre Reaktionen testen und feststellen, ob Sie in einer stressigen Situation ruhig, gelassen und sachlich bleiben oder die Nerven verlieren. Sie schneiden hier gut ab, wenn Sie sich nicht in die Enge treiben lassen. Es kommt in diesem Moment gar nicht so sehr auf den Inhalt Ihrer Antworten an, sondern auf Ihre Reaktionen.

6.3.4 Inhaltliche Vorbereitung

Für die Vorbereitung Ihrer Präsentation erhalten Sie ggf. einige Informationsunterlagen. Diese können strukturiert und übersichtlich sein, in der Regel sind sie es allerdings nicht. Für Sie bedeutet das, dass Sie erst einmal Ordnung in das Chaos bringen müssen, um sich einen Überblick über die Informationslage und den Sachverhalt zu verschaffen. Nicht alle Informationen, die Sie erhalten, sind für die Bearbeitung und die Präsentation zwingend relevant. Wundern Sie sich also nicht, wenn Sie die eine oder andere Unterlage gar nicht benötigen.

Nachdem Sie das Thema erfasst und die Informationen gesichtet und geordnet haben, nehmen Sie sich einen Augenblick Zeit, um Ihre Ideen und Gedanken zusammenzutragen: Machen Sie ein Brainstorming. Schreiben Sie ungeachtet der Wichtigkeit erst einmal alles auf, was Ihnen zum Thema einfällt. Behalten Sie dabei jedoch die Zeit im Auge. Setzen Sie sich ggf. ein Zeitlimit, damit die konkrete inhaltliche Vorbereitung nicht zu kurz kommt.

In der Regel haben Sie nicht ausreichend Zeit, um alle Punkte oder Argumente, die Ihnen eingefallen sind bzw. die Sie in den Informationsunterlagen gefunden haben, in die Präsentation einzuarbeiten. Das bedeutet für Sie, dass Sie eine Auswahl treffen müssen. Suchen Sie sich die wichtigsten und griffigsten Argumente und Schlagwörter heraus. Wenn Sie Ihre Hausaufgaben gemacht haben, wissen Sie, mit welchen Schlagwörtern und Schlüsselbegriffen das Unternehmen selbst gerne arbeitet bzw. welche in den Medien verwendet werden.

Geht es in der Präsentation um ein auf Ihr Berufsfeld bezogenes Thema, sollten Sie bei der inhaltlichen Ausrichtung daran denken, während des Vortrags bereits in die Rolle eines Unternehmensvertreters zu schlüpfen. Entsprechend sollte dann auch die Wahl Ihrer Argumente und Schlagwörter ausfallen. Ist das Unternehmen etwa gegen eine europaweit einheitliche Regelung in einem bestimmten Bereich, richten Sie Ihre Präsentation entsprechend aus. Allerdings müssen Sie auch die Gegenargumente in Ihren Vortrag einbauen und ggf. entkräften oder abschwächen.

6.3.5   Aufbau und Struktur

Anhand der ausgewählten Schlagwörter bauen Sie nun Ihren Vortrag auf. Überlegen Sie, wie Ihre Grundtendenz lauten soll, Ihre sogenannte Kernaussage.

Die Gliederung Ihres Vortrags selbst sollte klar und einfach sein, entwickeln Sie dazu einen roten Faden. Das erleichtert Ihnen die Aufgabe, denn die Vorbereitungszeit ist knapp bemessen. Auch für die Zuhörer ist es einfacher, einer stimmigen Linie zu folgen. Gliedern Sie Ihren Vortrag in eine Einleitung, einen Hauptteil und einen Schluss. Wenn Sie derart klare Strukturen haben, ist es auch für Sie leichter, sich zurechtzufinden.

Den Vortrag können Sie folgendermaßen aufbauen:

- Einleitung
  - Nennen Sie das Thema Ihres Vortrags.
  - Stellen Sie das Thema in einen Zusammenhang und erklären Sie, warum es für die Zuhörer interessant bzw. wichtig ist.
  - Nennen Sie die Frage, um die es geht, zum Beispiel „Wie kann das Zuliefererproblem gelöst werden?", „Welche Vorteile bringt die Akquirierung neuer Zulieferer?" oder „Welche Konsequenzen hat diese Vorgehensweise?".
- Hauptteil
  - Gehen Sie je nach Thema auf die Vorgeschichte ein, zeichnen Sie bisherige Entwicklungen auf oder skizzieren Sie die derzeitige Situation.
  - Nennen Sie neue Tatsachen, Entwicklungen, Umstände etc.
  - Betonen Sie ggf. die Notwendigkeit von Veränderungen.
  - Stellen Sie dann Ihre Kernaussagen, Ihre Hauptargumentation sowie Ihren Vorschlag zur Lösung des Problems oder zur Verbesserung der Situation vor.
  - Zeichnen Sie ggf. die zukünftigen Erwartungen auf.

Präsentationen und Vorträge

- Führen Sie ggf. Gegenargumente oder Bedenken an, entkräften Sie diese oder schwächen Sie sie ab. Erklären Sie, falls nötig, dass man diese Risiken in Kauf nehmen muss, da der generelle Nutzen die Nachteile aufwiege.
    - Zeichnen Sie ggf. Alternativen auf.
- Schluss
    - Halten Sie den Abschluss kurz.
    - Fassen Sie Ihren Vortrag knapp zusammen.
    - Beantworten Sie Ihre Ausgangsfrage.
    - Erkundigen Sie sich, ob die Zuhörer noch Fragen haben.

6.3.6 Abschluss der Präsentation

Das Ende eines Vortrags bleibt den Zuhörern meist am besten in Erinnerung. Deshalb sollten Sie hier den guten Eindruck, den Sie bis dahin gemacht haben, noch einmal verstärken. Bieten Sie zum Schluss eine kurze Zusammenfassung Ihrer Präsentation dar und bedanken Sie sich für die Aufmerksamkeit der Zuhörer. Wenn keine Fragen aus dem Publikum kommen, verlassen Sie das Rednerpult. Achten Sie darauf, dass Sie aufrecht zu Ihrem Platz zurückgehen und nicht auf den Boden schauen.

Findet direkt im Anschluss an Ihre Präsentation eine Diskussion statt, sollten Sie diese moderieren und sich die aufkommenden Argumente merken. Diese fassen Sie dann am Ende der Diskussion auch kurz zusammen.

! ACHTUNG

Der Blickkontakt zu den Assessoren ist wichtig. Wer ihnen jedoch immer wieder fragende Blicke zuwirft, um sich zu versichern, dass er sich gut schlägt, erweckt den Anschein, sich selbst nicht einschätzen zu können. Halten Sie dennoch Blickkontakt und starren Sie nicht auf das Rednerpult, den Boden oder aus dem Fenster.

Bei Ihrer Präsentation spielen die folgenden Faktoren eine wesentliche Rolle:

- Beobachtungsschwerpunkte
    - Struktur des Vortrags
    - Sprachliches Ausdrucksvermögen
    - Kommunikationsverhalten, Körpersprache
- Schlüsselbegriffe im Vortrag
- Blickkontakt zur Zuhörerschaft
- Dank für die Aufmerksamkeit
- Übernahme der Moderatorenrolle, wenn im Anschluss an Ihre Präsentation eine Diskussion stattfindet

6.4 Gruppendiskussion als Rollenspiele

Rollenspiele haben in den meisten Assessment Centern inzwischen einen festen Platz. Dahinter verbergen sich Simulationsübungen, bei denen die Kandidaten in vorgegebene Rollen schlüpfen und Problemsituationen lösen sollen. In der Regel besteht ein Rollenspiel aus zwei Teilnehmern. Dass mehrere Personen mitmachen sollen, ist zwar möglich, aber eher die Ausnahme. Die Jury achtet hierbei vor allem auf folgende Kompetenzen:

- Kommunikationsfähigkeit
- Problemorientiertheit
- Ergebnisorientiertheit
- Problemlösungsfähigkeit
- Personal- und Mitarbeiterführung
- Führungsstil und -qualitäten
- Kompromissfähigkeit
- Einfühlungsvermögen, Menschenkenntnis
- Kooperationsfähigkeit
- Mitarbeitermotivation

Folgende Rollenspiele werden häufig durchgeführt:

- Mitarbeitergespräche
- Kundengespräche: Verkaufs- oder Reklamationsgespräche
- Verhandlungsgespräche
- Diskussionsrunden

Mit solchen Rollenspielen wollen die Arbeitgeber vor allem die kommunikativen Fähigkeiten der Bewerber testen, aber auch deren Einfühlungsvermögen, Fingerspitzengefühl sowie Geschick im Umgang mit Kollegen, Mitarbeitern oder Kunden in schwierigen Gesprächssituationen. Zudem stehen die Fähigkeiten der Kandidaten als Führungskraft auf dem Prüfstand. Sie müssen gemeinsam mit ihrem Mitspieler eine sinnvolle, realisierbare und der Situation angemessene Lösung erarbeiten.

Viele Bewerber begehen den Fehler, bei dieser Aufgabe Führungsqualitäten mit Durchsetzungsvermögen und Härte gleichzusetzen. Sie versuchen, ihre Ziele und Forderungen auf jeden Fall durchzusetzen. Doch dieser Weg bringt Sie nicht ans Ziel. Vielmehr legen die Beobachter ihr Augenmerk darauf, wie die Bewerber das Gespräch aufbauen und führen, ob sie auf ihr Gegenüber eingehen und zu einer sinnvollen Lösung kommen, die von beiden Seiten getragen wird. Ein verärgerter oder frustrierter Mitarbeiter, der Ihnen aus Mangel an angebotenen Alternativen und Lösungsvorschlägen das Blaue vom Himmel verspricht, um seine Ruhe zu haben, oder störrisch reagiert, bringt Sie bezüglich der Lösung nicht weiter. Ebenso wenig sollten Sie um des Friedens willen auf alle Forderungen der Gegenseite eingehen.

> **! ACHTUNG**
>
> Achten Sie darauf, dass die erarbeitete Lösung nicht nur realistisch und durchführbar ist. Sie sollte auch sinnvoll sein und dem Interesse des Unternehmens entsprechen oder zumindest nicht entgegenstehen.

6.5 Vorbereitung eines Rollenspiels

Die Kandidaten erhalten alle für das Rollenspiel notwendigen Informationen über die eigene Rolle (Name, Alter, berufliche Position etc.), eine Aufgabenbeschreibung (Skizzierung der Problemsituation) sowie Informationen über den Mitspieler. Sollen die Bewerber unter starkem Druck stehen, also in eine besondere Stresssituation versetzt werden, verzichten die Beobachter auf eine Vorbereitungszeit. Die Teilnehmer werden dann direkt ins kalte Wasser geworfen. In der Regel dürfen Sie sich allerdings auf die Situation vorbereiten, etwa zwischen fünf und 15 Minuten — abhängig von der Aufgabenstellung und der Komplexität der Informationen. Nutzen Sie diese Zeit, um

- die dargestellte Situation zu erfassen,
- sich in die vorgegebene Rolle einzufinden,
- sich ein Ziel für den Ausgang des Gesprächs zu setzen,
- einen Lösungsansatz zu entwickeln,
- eine Linie zu erarbeiten, wie Sie das Gespräch führen wollen, und
- sich ein Zwischenziel zu setzen, falls das Gespräch nicht zu dem von Ihnen angepeilten Ziel führt.

Das Rollenspiel selbst dauert meist nicht länger als zehn bis 20 Minuten. Achten Sie auch hier darauf, das Zeitlimit nicht zu überschreiten, da die Aufgabe nach Ablauf der Zeit abgebrochen wird.

Ihr Gesprächspartner kann einer der anderen Bewerber sein, in den meisten Fällen übernimmt dies aber einer der Beobachter. Gehen Sie daher nicht davon aus, dass er es Ihnen leichtmachen wird. Er wurde darauf geschult, seinem Gegenüber Paroli zu bieten. Lassen Sie sich nicht auf Spielchen ein, sondern versuchen Sie, das Gespräch selbst zu führen und die Richtung zu bestimmen.

Über Rollenspielen müssen Sie vor allem Folgendes wissen:

- Ein Rollenspiel dauert zwischen zehn und 20 Minuten.
- Die Vorbereitungszeit ist meist kurz, manchmal müssen Sie auch ohne Vorbereitung auskommen.
- Ihre Mitspieler sind meist geschulte Beobachter.
- Als Rollenspiele kommen Mitarbeitergespräche, Kunden- bzw. Verhandlungsgespräche oder Diskussionsrunden infrage.
- Im Vordergrund stehen Ihre kommunikativen Fähigkeiten im Umgang mit Kollegen, Mitarbeitern, Kunden oder Geschäftspartnern in schwierigen Situationen.
- Achten Sie auf das Zeitlimit und darauf, dass ein Ergebnis, zumindest ein Zwischenergebnis erzielt wird.

6.6 Mitarbeitergespräch

In einem Mitarbeitergespräch übernehmen Sie in der Regel die Rolle des Vorgesetzten, der sich mit einem Mitarbeiter auseinandersetzen soll, zum Beispiel weil der häufig zu spät zur Arbeit kommt, für Spannungen im Betriebsklima sorgt, schlechte Arbeit abliefert, zu langsam arbeitet oder in eine andere Abteilung versetzt werden soll. Sie müssen ihm nun die Problemsituation im gemeinsamen Gespräch verdeutlichen und nach einer Lösung suchen.

Ihr Mitspieler — wie gesagt, meist ein geschulter Beobachter — wird während des Gesprächs versuchen, sich herauszureden, anderen die Schuld für sein Fehlverhalten zu geben oder Sie in ein anderes Thema zu verwickeln. Seien Sie auf der Hut und lassen Sie sich nicht darauf ein. Sätze wie „Lenken Sie bitte nicht vom eigentlichen Thema ab", führen schnell zurück zum eigentlichen Problem. So zeigen Sie sich ergebnisorientiert. Wenn Ihr Mitarbeiter nachlässig arbeitet und falsche Ergebnisse liefert, dann muss Ihr Ziel sein, dass er sorgfältiger und korrekt arbeitet. Es bringt Sie nicht weiter, wenn Sie sich nur verständnisvoll zeigen. Am Ende des Mitarbeitergesprächs sollte nicht stehen, dass ein anderer Mitarbeiter die Arbeit erledigt oder Ergebnisse noch einmal überarbeitet, um sie zu korrigieren. Achten Sie also darauf, dass Sie nicht zu sanft sind und zu sehr auf die Wünsche des Mitarbeiters eingehen. Zwar wäre das Gespräch dann harmonisch und Ihr Mitarbeiter zufrieden, doch Ihre Führungsqualitäten hätten Sie nicht unter Beweis gestellt.

6.6.1 Höflichkeitsregeln und Umgangsformen

Achten Sie während des Mitarbeitergesprächs auf ein paar Höflichkeitsregeln und Umgangsformen:

- Begrüßen Sie Ihren Mitarbeiter freundlich.
- Wenn Ihnen ein Schreibtisch zugewiesen wurde, stehen Sie auf, gehen Sie auf den Mitarbeiter zu und geben Sie ihm die Hand.
- Bieten Sie ihm einen Sitzplatz an und setzen Sie sich zu ihm. Achten Sie darauf, dass kein Tisch zwischen Ihnen und Ihrem Mitarbeiter ist, so würde eine Barriere und damit Distanz aufgebaut.

6.6.2 Kommen Sie zum Punkt

Nachdem Sie Ihren Mitarbeiter freundlich begrüßt und sich nach seinem Befinden erkundigt haben, sollten sie das Gespräch auf das anstehende Problem und Ihr angestrebtes Ziel lenken. Damit unterstreichen Sie nicht nur die Ernsthaftigkeit des Problems, sondern auch Ihre Entschlossenheit, die Angelegenheit anzugehen und zu klären. Plaudern Sie also nicht erst über das Wetter oder eine Sportveranstaltung vom Wochenende, um die Situation zu entspannen. Sie würden es Ihrem Gegenüber damit erleichtern, das Gespräch in eine andere Richtung zu lenken und vom eigentlichen Problem abzulenken. Konzentrieren Sie sich also auf das Wesentliche und verschwenden Sie keine Zeit mit Nebensächlichkeiten.

> **TIPP**
>
> Stellen Sie die Frage nach dem Befinden des Mitarbeiters ernsthaft, betrachten Sie sie nicht als rhetorische Frage oder reine Floskel. Falls Ihnen der Mitarbeiter gleich zu Beginn oder im Lauf des Gesprächs mitteilt, es gehe ihm gesundheitlich oder aus anderen Gründen nicht gut, müssen Sie darauf natürlich eingehen und diesen Umstand ggf. in die Problemlösung einarbeiten bzw. dabei beachten. Hören Sie Ihrem Gegenüber aufmerksam zu und nehmen Sie seine Probleme ernst. Hier könnte der Schlüssel für eine Lösung liegen.

Achten Sie darauf, dass Sie das anstehende Problem klar und deutlich benennen. Dadurch geben Sie Ihrem Gegenüber weniger Möglichkeiten abzulenken oder auszuweichen. Formulierungen folgender Art können Ihnen dabei nützlich sein:

- „Mir ist aufgefallen, dass Ihre Verkaufszahlen in den letzten Wochen stark gesunken sind. Ich habe Sie deshalb in den letzten beiden Tagen beobachtet und festgestellt, dass Sie ständig im Internet surfen."

- „Frau Meier, in den letzten Wochen haben sich zahlreiche Kunden bei mir beschwert, Sie seien am Telefon unfreundlich und mürrisch. Einige Kunden haben sogar angedroht, sich einen neuen Lieferanten zu suchen."
- „Herr Thomas, ich habe mir in den vergangenen Wochen Ihre Leistungen und die von Herrn Zimmermann genauer angeschaut. Ich bin zwar mit Ihrer Arbeit sehr zufrieden, dennoch habe ich beschlossen, Herrn Zimmermann die Betreuung des neuen Kunden anzuvertrauen. Er hat einfach den besseren Draht zum Geschäftsführer."

! ACHTUNG

Sie sind in diesem Rollenspiel der Vorgesetzte. Dennoch oder gerade deshalb sollten Sie auf Ihren Ton achten. Agieren und reagieren Sie bestimmt, ohne dabei die Etikette zu vergessen. Versuchen Sie möglichst lange freundlich zu bleiben und bei Bedarf auch einen versöhnlichen Ton anzuschlagen, sonst laufen Sie Gefahr, als verständnisloser und zu harter Vorgesetzter angesehen zu werden.

6.6.3 Formulieren Sie Kritik klar und deutlich

Formulieren Sie klar und deutlich, worin das Problem besteht. Konzentrieren Sie sich dabei auf die wesentlichen Punkte. Ihre Kritik sollte sachlich sein und nicht ins Persönliche abdriften. Das verletzt und veranlasst Ihr Gegenüber eher dazu, sich abzuschotten, als mit Ihnen an einer Lösung zu arbeiten. So kommen Sie nicht weiter. Vermeiden Sie daher Sätze wie:

- „Das ist eine schlampige Arbeit." Stattdessen sollten Sie klarmachen, dass Sie mit der Arbeit nicht zufrieden sind, und dies begründen. Etwa: „Die Liste ist unvollständig, da fehlen noch die Daten der letzten Analyse! Bitte vervollständigen Sie das und arbeiten Sie das nächste Mal sorgfältiger."
- „Kriegen Sie denn gar nichts geregelt?" Sagen Sie Ihrem Mitarbeiter ganz konkret, was er vergessen oder falsch gemacht hat und zeigen Sie die Folgen auf. Etwa: „Die Einladungen für die Präsentation sind immer noch nicht an die Kunden rausgegangen. Das geht nicht. Wenn wir die Kunden so spät einladen, werden viele wegen Terminüberschneidungen absagen. Das können wir uns nicht leisten. Bitte erledigen Sie das sofort und halten Sie sich beim nächsten Mal an die vorgegebenen Termine!"

Auch bei zu viel Kritik auf einmal wird Ihr Gegenüber eher eine ablehnende Haltung einnehmen. Eine Lösung zu finden, die den Mitarbeiter motiviert, etwas zu verändern, wird dann immer schwieriger.

6.6.4 Beweisen Sie Kommunikationsfähigkeit

Hören Sie Ihrem Gegenüber aufmerksam zu, achten Sie auf seine Körpersprache — Körperhaltung, Mimik und Gestik — sowie auf seinen Tonfall und reagieren Sie entsprechend. Nehmen Sie selbst eine offene Körperhaltung ein, verschränken Sie weder Arme noch Beine. Während des Gesprächs schauen Sie Ihren Mitspieler an und blicken nicht nur auf den Boden oder die Beobachter an. Versuchen Sie, ruhig zu bleiben. Wenn Sie etwas sehr ärgert, darf man das Ihrem Tonfall allerdings anmerken. Immerhin ist auch Ihr Gegenüber auf Ihre Signale angewiesen.

Versuchen Sie, den Sachverhalt zu klären, indem Sie Fragen stellen, etwa in dieser Art:

- Warum kommen Sie denn so oft zu spät?
- Warum wollen Sie nicht in der anderen Abteilung arbeiten?
- Warum gibt es Probleme mit den Kollegen?
- Warum kommen Sie Ihren Aufgaben nicht nach?

Nicht immer lässt sich ein Problem direkt lösen oder eine Situation entschärfen. Wenn Sie merken, dass Sie nicht weiterkommen, gehen Sie kleinere Schritte und finden Sie zunächst Zwischenlösungen. Es ist besser, am Ende der Übung zumindest einen ersten kleinen Erfolg erzielt zu haben, statt vor der gleichen Situation zu stehen wie zu Beginn. Falls alle Stricke reißen, können Sie sich mit einer neuen Terminvereinbarung aus der Affäre ziehen. Das könnte bei einem sturen oder widerwilligen Mitarbeiter wie folgt aussehen: „Herr Tietger, so kommen wir nicht weiter. Ich schlage deshalb vor, dass wir uns nächste Woche wieder treffen. Bis dahin sollten Sie sich allerdings überlegen, wie wir das Problem lösen oder angehen können. Ansonsten sehe ich mich leider gezwungen, ..."

Achten Sie jedoch darauf, nicht über das Ziel hinauszuschießen und dem Mitarbeiter etwa mit unangemessenen Konsequenzen zu drohen. Greifen Sie eher auf folgende Möglichkeiten zurück:

- Abmahnung
- Schlechte Beurteilung
- Kürzung der Boni
- Vom Kunden abziehen
- Einsatz in einem anderen Betätigungsfeld

Wie ein Mitarbeitergespräch über sinkende Verkaufszahlen verlaufen könnte, zeigt das folgende Beispiel.

▶ **BEISPIEL**

Aufgabenbeschreibung

Sie sind Vertriebsleiter einer kleinen Niederlassung in Köln. Bislang haben Sie und Ihr Verkaufs- und Beraterteam die Vorgaben der Muttergesellschaft erfüllen können; anderen Niederlassungen erging es schlechter. Nach einem stetigen Rückgang der Verkaufszahlen wurden die ersten Standorte geschlossen bzw. Mitarbeiter entlassen. Nun sind die Zahlen Ihres Mitarbeiters Herr Kühn drastisch gesunken. Bislang waren Sie mit seinen Leistungen äußerst zufrieden, Sie haben ihn als zuverlässigen und gewissenhaften Mitarbeiter schätzen gelernt.

In den vergangenen beiden Tagen haben Sie ihn beobachtet und festgestellt, dass er während seiner Arbeitszeit privat im Internet surft. Dies ist den Mitarbeitern des Unternehmens jedoch untersagt, im Wiederholungsfall droht sogar eine Abmahnung. Sie haben Herrn Kühn zu einem Gespräch in Ihr Büro gebeten, um mit ihm über seine schlechten Verkaufszahlen und seine Surfeskapaden zu sprechen.

Vorbereitungszeit: zwei Minuten

Dauer des Gesprächs: maximal zehn Minuten

Lösungsvorschlag

Vorgesetzter: „Guten Morgen, Herr Kühn. Wie geht es Ihnen?"

Mitarbeiter: „Guten Morgen, Herr Maurer. Danke der Nachfrage. Mir geht es soweit ganz gut."

Vorgesetzter: „Das freut mich. Herr Kühn, kommen wir zum Grund unseres Treffens heute. Mir ist aufgefallen, dass Ihre Verkaufszahlen in den letzten Wochen stark gesunken sind, und habe mich natürlich gefragt, woran das liegt? Haben Sie vielleicht eine Erklärung dafür?"

Mitarbeiter: „Na ja, die wirtschaftliche Lage ist ja nicht gerade die beste."

Vorgesetzter: „Nun, die Zahlen Ihrer Kollegen sind nicht derart gesunken."

Mitarbeiter: „Hm."

Vorgesetzter: „Herr Kühn, ich habe Sie in den vergangenen Tagen beobachtet und festgestellt, dass Sie ständig privat im Internet surfen."

Mitarbeiter: „Das stimmt nicht, dass muss ein Irrtum sein."

Vorgesetzter: „Herr Kühn, ich habe Sie gesehen! Das waren keine beruflichen Seiten."

Mitarbeiter: „Ja gut. Da bin ich aber nicht der Einzige hier."

Vorgesetzter: „Es geht hier nicht um Ihre Kollegen, Herr Kühn. Es sind Ihre Verkaufszahlen, die schlecht sind. Ich gehe davon aus, dass Sie in den letzten Wochen zu wenig Zeit für unsere Kunden hatten. Wir müssen unsere Quoten halten, ansonsten laufen wir Gefahr, dass unsere Niederlassung verkleinert wird und Mitarbeiter entlassen werden."

Mitarbeiter: „Aber so viel habe ich ja gar nicht im Netz gesurft. Und die Zahlen der anderen sind auch nicht viel besser. Letzte Woche habe ich erst gehört, wie der Kämmerer ..."

Vorgesetzter: „Herr Kühn, ich unterbreche Sie nur ungern, aber es geht hier um Ihre Zahlen und um Ihre Zukunft in unserem Unternehmen. Warum surfen Sie denn überhaupt auf privaten Seiten von Ihrem Arbeitsplatz aus? Sie wissen doch, dass das in unserem Unternehmen nicht gestattet ist. Im Wiederholungsfall bin ich sogar gezwungen, Sie schriftlich abzumahnen. Soweit wollen wir es doch nicht kommen lassen, oder?"

Mitarbeiter: „Nein, natürlich nicht."

Vorgesetzter: „Herr Kühn, ich bin das von Ihnen überhaupt nicht gewohnt, Sie sind sonst doch sehr zuverlässig und gewissenhaft."

Mitarbeiter schweigt.

Vorgesetzter: „Herr Kühn, woran liegt es denn Ihrer Meinung nach, dass die Verkaufszahlen so gesunken sind?"

Kurze Pause.

Mitarbeiter: „Mein Sohn ist ernsthaft krank. Wir haben kürzlich die Nachricht erhalten, dass die Medikamente nicht richtig anschlagen. Wir suchen jetzt nach alternativen Behandlungsmöglichkeiten. Zu Hause habe ich leider keinen Computer. Deshalb habe ich eben hier nachgeschaut."

Vorgesetzter: „Ich kann verstehen, dass Sie besorgt sind und nach einer Behandlungsmethode für Ihren Sohn suchen. Sie und Ihre Familie haben mein volles Mitgefühl. Aber Ihre Arbeit darf darunter natürlich auch nicht leiden."

Mitarbeiter: „Das weiß ich ja. Aber Sie müssen auch mich verstehen. Die Situation ist nicht leicht für uns. Wir kommen kaum zur Ruhe. Ich schlafe schlecht und kann mich nur schwer konzentrieren."

Vorgesetzter: „Gut. So kommen wir aber nicht weiter. Was können wir tun, damit sich die Situation wieder verbessert?"

Mitarbeiter: „Ich weiß es auch nicht."

Vorgesetzter: „Wie Sie wissen, ist es unseren Mitarbeitern ja nicht erlaubt, privat zu surfen, und ich werde das während der Arbeitszeit und der Mittagspause auch nicht dulden. Aber in dieser Situation würde ich mich darauf einlassen, dass Sie nach Dienstschluss nach alternativen Behandlungsmethoden suchen können. Allerdings muss ich mich darauf verlassen, dass Sie sich während Ihrer Dienstzeit nur auf Ihre Arbeit konzentrieren und zu Hause etwas mehr ausspannen, auch wenn die Situation schwierig ist."

Mitarbeiter: „Ich werde es versuchen."

Vorgesetzter: „Nun, das reicht mir nicht. Ihre Verkaufszahlen müssen wieder steigen. Ich muss mich auf Sie verlassen."

Mitarbeiter: „Hm."

Vorgesetzter: „In spätestens zwei Wochen werde ich mir Ihre Verkaufszahlen noch einmal genau anschauen."

Mitarbeiter: „Ja, gut."

Vorgesetzter: „Sehr gut, Herr Kühn. Sie haben also grünes Licht von mir, nach Dienstschluss den Firmencomputer nutzen zu dürfen, um nach geeigneten Medikamenten oder Behandlungsmethoden für Ihren Sohn zu suchen. Dafür werden Sie sich zu Hause etwas mehr entspannen und sich hier voll und ganz auf Ihre Arbeit konzentrieren, damit die Verkaufszahlen wieder ins Soll kommen."

Mitarbeiter: „Genau."

Vorgesetzter: „Die besten Genesungswünsche für Ihren Sohn. Wenn ich noch etwas für Sie tun kann, melden Sie sich bei mir."

Mitarbeiter: „Danke und auf Wiedersehen, Herr Maurer."

Vorgesetzter: „Auf Wiedersehen, Herr Kühn."

6.6.5   Übungen für das Mitarbeitergespräch

Die folgenden Aufgabenstellungen eignen sich dazu, diese Art von Übung mit Freunden oder Bekannten zu trainieren. Am effektivsten ist es, wenn Sie zusätzlich einen Beobachter abstellen, der sich Notizen über Ihr Verhalten und Ihre Argumentationsweise macht. So erhalten Sie Feedback, auf das Sie aufbauen können.

ARBEITSHILFE
ONLINE

ÜBUNG 1: Abmahnung

Situation: Einer Ihrer Mitarbeiter ist extrem unzuverlässig. Zahlreiche Kunden haben sich bereits über ihn beschwert. Nun ist Ihnen aufgrund seines Versagens ein großer Kundenauftrag verloren gegangen. Eine letzte Abmahnung steht an. Machen Sie Ihrem Mitarbeiter klar, dass sich das Unternehmen beim nächsten Fehlverhalte unwiderruflich von ihm trennen wird.

Vorbereitungszeit: fünf Minuten

Dauer des Gesprächs: maximal 15 Minuten

Tipps zur Bewältigung der Aufgabe

- Kommen Sie ohne größere Umschweife zur Sache. Auch wenn die Angelegenheit ernst ist, versäumen Sie nicht, Ihren Mitarbeiter freundlich zu begrüßen und ihn nach seinem persönlichen Befinden zu fragen. Vielleicht erhalten Sie hier schon wertvolle und hilfreiche Informationen.
- Erläutern Sie Ihrem Mitarbeiter die Situation und den Ernst der Lage. Weisen Sie ihn auf die Konsequenzen seines Verhaltens hin.

- Versuchen Sie zu klären, woran seine Unzuverlässigkeit liegt, und finden Sie heraus, wie sich der Mitarbeiter motivieren lässt.
- Überlegen Sie sich vorab mögliche Kontrollmechanismen — etwa die Einbindung eines weiteren Mitarbeiters in die Arbeitsprozesse —, die verhindern sollen, dass dem Unternehmen wieder ein Auftrag verloren geht, und informieren Sie den Mitarbeiter darüber.
- Vereinbaren Sie feste Termine, zu denen der Mitarbeiter Statusberichte abliefern muss.
- Zeigen Sie Ihrem Mitarbeiter positive Perspektiven auf, wenn sich sein Verhalten und seine Arbeitsweise verbessert.
- Halten Sie die Ergebnisse schriftlich fest.

ARBEITSHILFE
ONLINE

ÜBUNG 2: 360-Grad-Feedback

Situation: Sie haben in einem 360-Grad-Feedback in Teilbereichen eine schlechte Beurteilung von Ihren Mitarbeitern erhalten. Konkrete Kritik gab es dabei in den Bereichen Einfühlungsvermögen und Konfliktlösungsfähigkeiten. Sie suchen nun das Gespräch mit den Mitarbeitern. Im Vorfeld haben Sie sich einige Gedanken gemacht, wie sich das Arbeitsklima verbessern lässt. Sie wollen nun die Sicht der Mitarbeiter kennenlernen.
Vorbereitungszeit: 15 Minuten
Dauer des Gesprächs: 30 Minuten

Tipps zur Bewältigung der Aufgabe

Vorab: Überlegen Sie sich, wie Sie die Situation insgesamt verändern können, zum Beispiel mit einer Verbesserung des Arbeitsklimas durch Mitarbeitermotivation.

- Einbeziehung der Mitarbeiter in Entscheidungen
- Abgabe von Verantwortung
- Mehr Lob, mehr Anerkennung
- Mitarbeiter in die Verbesserung des Arbeitsklimas einbeziehen

Im Gespräch:

- Zeigen Sie sich offen für die Kritik Ihrer Mitarbeiter.
- Fragen Sie gezielt nach, welche Punkte die Mitarbeiter stören und ob sie Ideen haben, wie das Arbeitsklima verbessert werden kann.
- Gehen Sie auf die genannten Punkte ein und zeigen Sie, wo, wie und ob Sie etwas ändern können und möchten.
- Vereinbaren Sie regelmäßig Termine, bei denen sich alle Beteiligten austauschen.

- Fragen Sie, ob die Mitarbeiter Einzelgespräche wünschen.
- Halten Sie die Ergebnisse schriftlich fest.

ARBEITSHILFE
ONLINE

ÜBUNG 3: Rückkehr aus der Elternzeit

Anweisung für den ersten Rollenspieler: Sie sind Thomas Schneider, 38 Jahre alt und seit über drei Jahren Leiter des Bereichs Einkauf in einem Metallverarbeitungsunternehmen. Ihnen unterstehen sechs Mitarbeiter. Insgesamt ist das Arbeitsklima freundlich, aber nicht freundschaftlich. Zu allen Mitarbeitern haben Sie ein gutes Verhältnis, unterhalten aber außerhalb der Firma keinerlei private Kontakte mit ihnen.

Eine Ihrer Mitarbeiterinnen, Katja Wallmann, hat vor einem Jahr ein Kind bekommen und ist vor sechs Monaten wieder an ihren Arbeitsplatz zurückgekehrt. Sie waren mit ihrer Arbeit immer sehr zufrieden und deshalb auch sehr froh, dass sie sich dazu entschlossen hat, wieder in Ihrer Abteilung zu arbeiten. Zunächst hatte sich auch alles gut angelassen. Doch seit ein paar Wochen ist sie nicht mehr belastbar, verlässt früh den Arbeitsplatz und verspätet sich ständig. Zudem ist sie unkonzentriert und ihr unterlaufen häufiger Fehler. Inzwischen wirkt sich das auch auf Ihre Abteilung als Ganzes aus, da die anderen Mitarbeiter zunehmend Aufgaben von Frau Wallmann übernehmen müssen. Um die Sachlage zu klären, haben Sie Frau Wallmann zu einem persönlichen Gespräch in Ihr Büro gebeten.

Anweisung für den zweiten Rollenspieler: Sie sind Katja Wallmann und arbeiten seit drei Jahren für ein Metallverarbeitungsunternehmen. Mit fünf anderen Mitarbeitern sind Sie für den Bereich Einkauf zuständig. Sie unterstehen direkt dem Abteilungsleiter Thomas Schneider. Vor gut einem Jahr haben Sie eine Tochter zur Welt gebracht, seit etwa sechs Monaten arbeiten Sie wieder an Ihrem alten Arbeitsplatz. Prinzipiell haben Sie ein gutes, wenn auch nicht freundschaftliches Verhältnis zu Ihrem Vorgesetzten.

Die ersten Monate nach Ihrem Schwangerschaftsurlaub verliefen gut. Die Betreuung Ihrer Tochter durch eine Tagesmutter hatte sich bewährt. Doch seit ein paar Wochen häufen sich die Probleme mit der Tagesmutter, da sie Ihnen immer öfter kurzfristig aus Krankheitsgründen absagt. Es gelingt Ihnen zwar immer wieder, Ihre Mutter, Schwiegermutter oder eine Freundin einzuspannen, dennoch leidet Ihre Arbeit darunter. Anfangs haben Ihre Kollegen die Situation mitgetragen und so manche Ihrer Aufgaben übernommen, doch die Geduld der Kollegen scheint am Ende. Inzwischen hat wohl auch Ihr Chef die angespannte Situation bemerkt, denn er hat Sie zu einem persönlichen Gespräch in sein Büro gebeten.

Vorbereitungszeit: keine

Dauer des Gesprächs: maximal zwölf Minuten

> **! ACHTUNG**
>
> Wenn Sie sich auf Rollenspiele dieser Art vorbereiten, machen Sie sich immer wieder die folgenden zentralen Aspekte bewusst:
>
> - Lassen Sie sich nicht vom eigentlichen Thema ablenken, handeln Sie ergebnisorientiert.
> - Seien Sie bestimmt, aber höflich und achten Sie auf Umgangsformen.
> - Konzentrieren Sie sich auf das zu lösende Problem und das angestrebte Ziel. Gehen Sie trotzdem auf Ihr Gegenüber ein.
> - Formulieren Sie Kritik sachlich, werden Sie nicht unsachlich, persönlich oder verletzend.
> - Versuchen Sie, mit Fragen den Sachverhalt zu klären.
> - Weisen Sie uneinsichtige Mitarbeiter ggf. auf die Konsequenzen ihres Handelns hin.
> - Erarbeiten Sie nach Möglichkeit gemeinsam eine Lösung.
> - Fassen Sie am Ende der Übung das Erreichte noch einmal zusammen.

6.7 Kunden- bzw. Verhandlungsgespräch

Kundengespräche werden Ihnen im Assessment Center nicht nur dann begegnen, wenn Sie sich um eine Stelle im Vertriebswesen bewerben. Sicherlich kann man mit dieser Art von Übung testen, ob Sie über ein gewisses Verkaufstalent und entsprechende kommunikative Qualitäten verfügen. Sie eignet sich allerdings auch hervorragend, um zu sehen, ob Sie in kritischen Gesprächssituationen überzeugen können. Im Gegensatz zum Mitarbeitergespräch, in dem die Abhängigkeiten und Hierarchiestrukturen klar definiert sind, hat der Kunde jederzeit die Möglichkeit, „Nein danke, so nicht!" zu sagen. Es ist daher Ihre Aufgabe, das Gespräch zu führen und den Ball im Spiel zu halten.

Beim Kundengespräch ist es deshalb noch wichtiger, auf das Gegenüber und seine Reaktionen zu achten. Einen Mitarbeiter können Sie leichter wieder ins Gespräch holen: Sie bestellen ihn einfach zu einem neuen Termin in Ihr Büro. Aber holen Sie mal einen Kunden zurück, der Sie verärgert verlassen hat und auf dem Weg zur Konkurrenz ist!

In der Regel begegnen Ihnen im Assessment Center zwei Formen von Kundengesprächen: das Verkaufs- und das Reklamationsgespräch. Auch dabei wird Ihr Gegenüber in der Regel von einem geschulten Beobachter gespielt, der meist eine Vielfalt von Gründen parat hat, warum er vom Produkt noch nicht überzeugt

(Verkaufsgespräch) bzw. überaus enttäuscht (Reklamationsgespräch) ist. Sie müssen beweisen, dass Sie auf die Argumente anderer eingehen, diese bedienen oder sie entschärfen können. Konkret bedeutet das, die Bedenken eines zögerlichen Kunden ausräumen oder einen aufgebrachten Kunden beruhigen und zufriedenstellen zu können. Doch wie ist das zu bewerkstelligen?

Das oberste Gebot lautet: Hören Sie Ihrem Gegenüber genau zu. Es nützt nichts, wenn Sie die technischen Randdaten eines Geräts anpreisen, der Kunde aber gar nicht weiß, was er mit dem Produkt anfangen soll. Sie müssen vielmehr auf die Bedürfnisse und die Argumente des Kunden eingehen. Am effektivsten ist das, wenn Sie die Einwände oder Fragen des Kunden erst einmal wiederholen und seine Zweifel dann entkräften. So fühlt er sich verstanden und ernst genommen.

Das folgende Beispiel zeigt, wie ein Kundengespräch ablaufen könnte.

▶ **BEISPIEL**

Situation: Sie sind im Vertrieb einer Firma angestellt, die Kartonagen und Verpackungsmaterial jeglicher Art herstellt. Ihre Aufgabe ist es, neue Kunden zu gewinnen. Allerdings sollen Sie dabei die Kunden der Konkurrenz für sich gewinnen. Auf Ihrem Arbeitsplan steht heute ein mittelständisches Unternehmen, das Keramikwaren herstellt und verkauft. Ihr Gesprächspartner ist der Leiter der Einkaufsabteilung.
Wie gehen Sie vor?
Vorbereitungszeit: drei Minuten
Dauer des Gesprächs: maximal 15 Minuten
Lösungsvorschlag
Verkäufer: „Guten Tag, Herr Walther. Danke, dass Sie mir einen Termin eingeräumt haben und sich Zeit für mich nehmen."
Kunde: „Guten Tag, Herr Gärtner, das mache ich doch gerne. Worum geht es denn?"
Verkäufer: „Wie Sie sicherlich wissen, komme ich von der Firma Gutverpackt. Ich möchte Sie gerne von unserem Produkt überzeugen."
Kunde: „Da muss ich Sie leider enttäuschen, wir haben bereits einen Lieferanten für Verpackungsmaterial."
Verkäufer: „Ja, das habe ich mir schon gedacht, Herr Walther. Sind Sie denn mit Ihrem Lieferanten zufrieden oder drückt irgendwo der Schuh? Vielleicht gibt es etwas, das wir besser machen können."
Kunde: „Nein, ich bin eigentlich sehr zufrieden."
Verkäufer: „Eigentlich zufrieden? Wie sieht es denn aus, deckt er alle Bereiche ab, die Sie benötigen?"

Kunde: „Ja, wir kommen gut zurecht. Er hat alles im Sortiment, was wir brauchen."

Verkäufer: „Gut! Sind Sie denn mit der Qualität der Produkte zufrieden?"

Kunde: „Auch da kann ich mich nicht beklagen. Einwandfreie Ware."

Verkäufer: „Verstehe. Und wie sieht es mit den Lieferzeiten aus?"

Kunde: „Auch gut. Aber wir bestellen sowieso immer in größeren Mengen, so sparen wir einiges durch den Mengenrabatt."

Verkäufer: „Wie oft werden Sie denn dann beliefert?"

Kunde: „Na ja, alle drei Monate."

Verkäufer: „Oh. Da müssen Sie aber einiges an Lagerkapazitäten haben. So groß habe ich das Gelände hier gar nicht eingeschätzt."

Kunde: „Den Platz könnten wir schon anderweitig verwenden, es ist schon eng. Aber der Rabatt ist auch nicht zu verachten."

Verkäufer: „Nun, wir haben hier im Umkreis ja ein paar Kunden, da ließe sich sicherlich bei den Lieferkosten etwas machen. Wir fahren hier mehrmals im Monat hin. Die Lieferkosten minimieren sich ja, wenn wir einige Lieferungen zusammenlegen. Schließlich wollen wir mit unseren Produkten Geld verdienen und nicht mit der Lieferung."

Kunde: „Ja, schon. Aber wie sieht es denn mit dem Rabatt aus? Ich bin schon einige Jahre bei Sicherverpackt Kunde und habe dementsprechend gute Konditionen."

Verkäufer: „Das verstehe ich. Ich kenne die Preise von Sicherverpackt ganz gut. Ich kann Ihnen Folgendes anbieten: Wir fassen Ihre Bestellungen für drei oder sechs Monate zusammen und Sie erhalten unseren entsprechenden Rabatt. Dann kommen Sie fast auf den gleichen Preis."

Kunde: „Hm. Ich weiß nicht."

Verkäufer: „Vergessen Sie die Vorteile nicht, Herr Walther. Abgesehen davon, dass Sie erhebliche Lagerkosten einsparen, weil Sie den Platz jetzt besser nutzen können, sind Sie auch flexibler."

Kunde: „Na ja, ich weiß nicht."

Verkäufer: „Überlegen Sie mal, Herr Walther. Sie können kurzfristig ordern und wir liefern Ihnen die Ware zuverlässig. Wir könnten Sie einmal im Monat beliefern und zu besonderen Stoßzeiten, etwa zu Weihnachten, Ostern oder zum Muttertag, auch zwischendrin."

Kunde: „Das hört sich eigentlich ja schon gut und vernünftig an."

Verkäufer: „Glauben Sie mir, Herr Walther, das ist gut und vernünftig. Denken Sie an die Lagerkosten und Ihre Flexibilität. Und Ihren Rabatt bekommen Sie obendrein auch noch. Da kommen wir doch ins Geschäft, Herr Walther."

Kunde: „Ja, Sie haben recht. Da kommen wir ins Geschäft."

Anhand der folgenden Aufgabenstellungen können Sie mit Freunden oder Bekannten trainieren, wiederum am besten mit einem zusätzlichen Beobachter, der sich Notizen über Ihr Verhalten und Ihre Argumentationsweise macht. Durch das Feedback, das Sie erhalten, können Sie sich verbessern.

ARBEITSHILFE
ONLINE

ÜBUNG 1: Reklamationsgespräch – Designerkleid

Situation: Sie sind Geschäftsführerin eines Modehauses in der Frankfurter Innenstadt. Es ist Anfang Januar und Sie erhalten den Anruf einer Mitarbeiterin aus dem Verkauf. Eine Kundin möchte ein Designer-Kleid im Wert von rund 1.000 Euro zurückgeben, da es ihr angeblich doch nicht so gut gefällt. Das Kleid ist jedoch offensichtlich getragen worden und lässt sich nicht mehr verkaufen. Da sich Ihre Mitarbeiterin geweigert hat, das Kleid zurückzunehmen, ist die Dame laut und ausfallend geworden. Inzwischen haben sich einige Schaulustige im Geschäft angesammelt, um das Spektakel zu beobachten. Ihre Mitarbeiterin bittet Sie nun, in den Verkaufsraum zu kommen, um die Angelegenheit mit der Dame abschließend zu klären.

Vorbereitungszeit: zwei Minuten
Gesprächsdauer: maximal zehn Minuten

Tipps zur Bewältigung der Aufgabe

Vorab: Überlegen Sie sich auf dem Weg in den Verkaufsraum (zwei Minuten), wie Sie mit der Situation umgehen wollen. Denken Sie darüber nach, ob Sie der Kundin entgegenkommen möchten und wenn ja, wie. Beispiele:

- Sie nehmen das Kleid zurück.
- Sie nehmen das Kleid nicht zurück, gewähren der Kundin allerdings beim nächsten Einkauf einen Rabatt von 15 Prozent auf ein Produkt.

Während des Kundengesprächs:

- Entspannen Sie die Situation, indem Sie die Kundin aus dem Verkaufsraum führen, am besten in Ihr Arbeitszimmer oder ein Besprechungszimmer. So entkommen Sie den Schaulustigen und die Kundin hat kein Publikum mehr. Die Kundin hat somit auch die Möglichkeit, ohne Gesichtsverlust aus der Sache herauszukommen.
- Bieten Sie der Kundin einen Sitzplatz und etwas zu trinken an.
- Lassen Sie sich ihre Version der Sachlage schildern.
- Zeigen Sie Verständnis, das beruhigt die Kundin.
- Schildern Sie der Kundin, wie Sie die Situation sehen.

- Formulieren Sie Ihr Angebot. Schöpfen Sie aber nicht den ganzen Spielraum aus, sondern halten Sie etwas für ein zweites Angebot zurück. Erklären Sie der Kundin ggf., dass Sie das Kleid nicht zurücknehmen müssen und Ihr Angebot reine Kulanz ist, da Sie die Kundin nicht verlieren möchten.

ARBEITSHILFE
ONLINE

ÜBUNG 2: Verhandlungsgespräch — Drucker und Kopierer

Situation: Sie verkaufen und vermieten Drucker und Kopierer an kleinere Kunden wie Rechtanwaltskanzleien, Marketing-Agenturen oder Arztpraxen. Zudem beliefern Sie Ihre Kunden mit Tonerkartuschen, Kopierpapier und allerlei Büroartikeln. Seit einer Woche umwirbt nun ein Billiganbieter mit aggressiven Angeboten Ihre Kunden. Ein Kunde nach dem anderen ruft nun bei Ihnen an und droht mit Kündigung. Versuchen Sie, mit überzeugenden Argumenten und besonderen Serviceangeboten Ihre Kunden am Telefon zurückzugewinnen.
Vorbereitungszeit: fünf Minuten
Dauer des Telefonats: zehn Minuten

Tipps zur Bewältigung der Aufgabe

Vorab: Erarbeiten Sie Argumente, die für Sie als Lieferanten und gegen den Billiganbieter sprechen. Überlegen Sie sich neue Leistungsangebote, die Ihre Kunden überzeugen könnten.

Bisheriges Leistungsangebot	Mögliches neues Leistungsangebot
<ul><li>Kundendienst für Wartung der Produkte vor Ort von 6:00 bis 22:00 Uhr</li><li>Lieferungen auch in kleinsten Mengen möglich</li><li>Stets den gleichen Kundenberater, der die Bedürfnisse der Kunden kennt</li><li>Kundenabhängige Rabatte (Rabatte für langjährige Kunden, Großkunden, Schnellzahler)</li><li>Schnelle Lieferung — morgens bestellt, nachmittags geliefert</li><li>Professionelle, persönliche und kostenlose Beratung im Vergleich zur beratungsfreien Internetbestellung oder zur kostenintensiven Servicenummer (0900 …)</li><li>Nachhaltigkeit Ihres Angebots</li><li>Kostenlose Lieferung der Produkte</li><li>Problemlose Rücknahme der Produkte</li><li>Keine Mindestabnahmemengen</li></ul>	<ul><li>24-Stunden-Lieferservice im Notfall</li><li>Wartungsservice in 24 Stunden im Notfall</li><li>Neues Rabattsystem, zum Beispiel zwölfter Mietmonat eines Druckers kostenfrei</li><li>Erweiterung der Produktpalette: Vermietung von Kaffeeautomaten inklusive Bohnen fürs Büro</li><li>Eventuell Erhöhung des individuellen Rabatts</li></ul>

Im Telefongespräch:

- Lassen Sie den Kunden zuerst sprechen, notieren Sie sich sein Anliegen und seine Argumente.
- Fragen Sie, ob und ggf. warum er mit Ihren Produkten und Ihrem Service nicht mehr zufrieden ist.
- Fragen Sie, ob er spezielle Kundenwünsche (Produkte und Service) hat, die Sie ggf. in Ihr Angebot aufnehmen können.
- Heben Sie die Qualität Ihrer Produkte und die Besonderheit Ihres Service hervor; führen Sie nun die von Ihnen zusammengetragenen Argumente an.
- Lassen Sie den Kunden erneut zu Wort kommen.
- Legen Sie nun mit Ihrem neuen Leistungsangebot nach, halten Sie sich aber beim individuellen Rabatt noch zurück.
- Springt der Kunde nicht an, bieten Sie ihm an, speziell für ihn noch einmal ein konkretes Angebot zu kalkulieren.
- Geben Sie nicht zu schnell auf, vertagen Sie die Entscheidung notfalls. „Herr XY, überdenken Sie noch einmal mein Angebot, schlafen Sie eine Nacht drüber. Ich werde mich dann morgen noch einmal bei Ihnen melden."

ARBEITSHILFE
ONLINE

ÜBUNG 3: Reklamationsgespräch — Fenster

Situation: Sie sind Vertriebsleiter einer Fensterbaufirma. In den letzten Wochen sind vermehrt Beschwerden über mangelhafte Qualität der Fenster und verspätete Lieferzeiten bei Ihnen eingegangen. Nun hat auch einer Ihrer besten Kunden, ein Bauträger, angekündigt, sich einen anderen Lieferanten zu suchen. Für heute haben Sie einen Termin mit einem Vertreter des Bauträgers. Ihr Ziel ist es, die Situation zu klären und den Bauträger als Kunden zu halten.
Vorbereitungszeit: fünf Minuten
Gesprächsdauer: maximal zehn Minuten

ARBEITSHILFE
ONLINE

ÜBUNG 4: Verkaufsgespräch — Damenstrumpfhose

Situation: Sie sind Handelsvertreter für Damenstrumpfhosen. Ihr neuestes Produkt ist eine Einwegstrumpfhose, die mit einer sanften Bräunungscreme ausgestattet ist. Heute stellen Sie das revolutionäre Produkt dem Einkäufer einer Drogeriekette vor. Ihr Ziel: Ihr Produkt soll ins Sortiment der Drogeriekette aufgenommen und vor allem prominent platziert werden. Wie gehen Sie vor?
Vorbereitungszeit: fünf Minuten
Gesprächsdauer: maximal zehn Minuten

> **! ACHTUNG**
>
> Kunden- bzw. Reklamationsgespräche sollen zeigen, ob und wie Sie in kritischen Gesprächssituationen überzeugen können. Daher spielen folgende Aspekte bei derartigen Übungen eine wichtige Rolle:
>
> ▪ Hören Sie Ihrem Gegenüber aufmerksam zu.
> ▪ Gehen Sie auf Bedürfnisse und Signale Ihres Gegenübers ein.
> ▪ Gehen Sie auf Bedenken oder Beschwerden des Kunden ein.
> ▪ Zeigen Sie Verständnis für seine Anliegen. Etwa: „Das kann ich gut verstehen, aber bedenken Sie, dass …"
> ▪ Sprechen Sie Ihr Gegenüber immer wieder mit seinem Namen an.
> ▪ Zeigen Sie Lösungen oder Alternativvorschläge auf.

6.8 Gruppendiskussion

Auch eine Gruppendiskussion kann als Rollenspiel angelegt sein. Dann erhalten die Teilnehmer nicht nur ein Thema, sondern auch eine genaue Rollenanweisung als Vorgabe. Sie übernehmen zum Beispiel die Rolle einer Frauenbeauftragten, eines Betriebsratsmitglieds, eines Politikers, eines Vertreters einer Minderheitengruppe oder dergleichen. In manchen Fällen werden auch Positionen und Argumente vorgegeben, die Sie vertreten sollen. Alternativ wird der Charakter, zum Beispiel Besserwisser, Skeptiker, Optimist oder aggressiver Teilnehmer, skizziert, den Sie darstellen sollen. Das Thema ist in solchen Fällen meist sehr weit gefasst und lässt viel Spielraum. Näheres dazu finden Sie in Kapitel 5.

Auch hier folgen einige Vorschläge, mit denen Sie sich vorbereiten können.

ARBEITSHILFE ONLINE

> **ÜBUNG 1: Gesetzliche Mindestlöhne, ja oder nein?**
>
> **Situation:** Sie sind Vertreter der Vereinten Dienstleistungsgesellschaft Ver.di und treten in der Diskussion für deren Forderung nach einem gesetzlichen Mindestlohn ein.
> **Vorbereitungszeit:** drei Minuten
> **Diskussionsdauer:** 20 Minuten

ARBEITSHILFE ONLINE

> **ÜBUNG 2: Atomwaffenfreie Welt**
>
> **Situation:** Sie sind Pressesprecher des Weißen Hauses und sollen in einer Diskussionsrunde die Sichtweise des US-Präsidenten Barack Obama verteidigen bzw. untermauern.
> **Vorbereitungszeit:** zehn Minuten
> **Diskussionsdauer:** 30 Minuten

ÜBUNG 3: Öffentliche Sicherheit

Fragestellung: Terroranschläge und gewalttätige Übergriffe auf öffentlichen Plätzen. Wie viel Überwachung braucht Deutschland?

Situation: Übernehmen Sie in der Diskussionsrunde die Position des Bundesinnenministers.

Vorbereitungszeit: keine

Diskussionsdauer: 45 Minuten

7 Postkorbübungen

Neben der Gruppendiskussion und den persönlichen Interviews gehören die Postkorbübungen zu den beliebtesten Aufgaben im Rahmen eines Assessment Centers — zumindest aus Sicht der Arbeitgeber. Mit ihrer Hilfe erhoffen sie sich, einen weitgehenden Einblick in die Arbeits- und Denkweise sowie in das Entscheidungs- und Führungsverhalten der Kandidaten zu erhalten. Generell sollten Sie immer mit einer Postkorbübung rechnen.

Postkorbübungen simulieren eine Situation, in der Sie in einem zeitlich eng bemessenen Rahmen Termine vergeben, Vorgänge beurteilen, Entscheidungen treffen und Aufgaben erledigen bzw. delegieren müssen. Insbesondere richtet die Jury ihr Augenmerk auf folgende Kompetenzen:

- Entscheidungsfähigkeit

- Selbstorganisation

- Zeitmanagement

- Analysefähigkeit

- Kombinationsfähigkeit

- Übersicht, Überblick

- Setzen von Prioritäten

- Organisationsfähigkeit

- Delegationsfähigkeit

- Belastbarkeit, Stressverhalten, Ausdauer

- Problemlösungsfähigkeit

- Führungsstil, Führungsqualitäten

- Risikobereitschaft

Postkorbübungen

Entscheidend ist, dass Sie sich in die Position und die Situation der beschriebenen Person hineindenken und entsprechend handeln. Sie sollten sich deshalb genau überlegen, welche Handlungsbefugnisse die Person hat, auf welcher Entscheidungsebene sie sich befindet und welche Arbeitsweise damit verbunden ist. Ein leitender Angestellter oder Geschäftsführer wird in der Regel seine Briefe nicht zur Post bringen, ein stellvertretender Abteilungsleiter keine strategischen Entscheidungen fällen, die das gesamte Unternehmen betreffen. Manchmal gebietet die Situation jedoch beides.

In der Regel stehen Ihnen zur Lösung der Aufgaben — angesichts der heutzutage mannigfaltigen Kommunikationsmittel — begrenzte Mittel zur Verfügung. Aus verschiedenen Gründen dürfen Sie meist weder Telefon noch Internet oder Handy nutzen, da Sie etwa ins Ausland müssen und dort nicht oder nur sehr schwer zu erreichen sind.

Im Lauf der Übung begegnen Ihnen zahlreiche Probleme beruflicher wie privater Natur. Termine überschneiden sich, dringliche Aufgaben müssen abgearbeitet werden, Konflikte mit Mitarbeitern in Angriff genommen und private Verpflichtungen wahrgenommen werden.

Je höher die Stelle angesiedelt ist, um die es geht, desto komplexer und anspruchsvoller werden auch die Postkorbübungen. Während Berufseinsteiger mehr organisatorische Aufgaben und einfachere Entscheidungsprozessen bewältigen sollen, stehen Führungskräfte komplexen und verwobenen Zusammenhängen und vielseitigen Lösungswegen gegenüber. Von ihnen werden weitsichtige Urteile und Einschätzungen erwartet, teils sind dazu eine Portion Mut und auch Risikobereitschaft erforderlich.

Einige Unternehmen verwenden standardisierte Postkorbübungen, um die Kosten für das Assessment Center gering zu halten. In der Regel passen die Unternehmen die Aufgabenstellung jedoch an die Anforderungen der zu besetzenden Stelle an. Gehen Sie also nicht davon aus, dass Sie auf eine der Übungen treffen werden, die in der einschlägigen Literatur als Beispiele aufgeführt werden. Es ist sinnvoller, sich allgemein auf die Postkorbübung vorzubereiten, also eine allgemeingültige Strategie oder Vorgehensweise zu entwickeln und die Ziele und Anforderungen der Übungen zu verstehen, als sich auf die Lösung von ein oder zwei Beispielübungen zu konzentrieren.

7.1 Herangehensweise bei Postkorbübungen

Bei der Lösung von Postkorbübungen ist es wichtig, nicht blindlings loszulegen. Nehmen Sie sich die Zeit, die einzelnen Positionen zu erfassen und zu kategorisieren. Arbeiten Sie sich dann Punkt für Punkt durch.

7.1.1 Erster Schritt: Aufmerksames Lesen und Erfassen sämtlicher Positionen

Lesen Sie die Situationsbeschreibung sowie alle Mitteilungen sorgfältig durch. Markieren Sie alle wichtigen, aber auch unwichtigen

- Termine,
- Aufgaben,
- Erledigungen,
- anfallenden Entscheidungen und
- zusätzlichen Informationen, zum Beispiel welche Mitarbeiter oder Personen Ihnen zur Erledigung von Aufgaben zur Verfügung stehen.

Lesen Sie die Situationsbeschreibung nun noch einmal sorgfältig durch. Haben Sie eventuell etwas vergessen oder übersehen? Haben sich durch die Mitteilungen neue Aufgaben innerhalb der Situationsbeschreibung ergeben, die Sie beim ersten Lesen noch nicht wissen bzw. noch nicht erfassen konnten, aber dennoch abarbeiten müssen?

! **ACHTUNG**

Nicht immer beschränken sich die Aufgaben, Termine und Erledigungen auf die verfügbaren Notizen. Der Geschäftsführer in unserem Fall etwa, muss sich beispielsweise zusätzlich darum kümmern, dass er sein Flugticket abholt, abholen lässt oder jemanden findet, der es ihm an den Flughafen bringt! Auch ein Taxi für sich muss er noch organisieren. Spezielle Mitteilungen existieren hierfür selbstverständlich nicht.

7.1.2 Zweiter Schritt: Terminkalender erstellen

Tragen Sie alle Termine in einen Kalender ein. Sollte dafür kein Vordruck bei den Arbeitsmaterialien dabei sein, legen Sie selbst einen an. So behalten Sie den Überblick! Markieren Sie sämtliche Terminüberschneidungen deutlich, damit Sie später bei der Organisation der Termine nichts Kritisches übersehen.

So könnte Ihr Terminkalender aussehen

Datum	Termin, Aufgabe, Entscheidung	Dringlichkeit	Zuständigkeit
Do 23.11	Termin 1 Entscheidung 1	Stufe 1 Stufe 2	Mitarbeiter 1 Ich
Fr. 24.11.	Aufgabe 1 Termin 2	Stufe 3 Stufe 4	Mitarbeiter 2 ohne Folgen

7.1.3 Dritter Schritt: Dringlichkeitsrangliste anlegen

Um sich einen Weg durch das Dickicht von Terminen und Aufgaben zu machen, ist es sinnvoll, die einzelnen Positionen nach ihrer Wichtigkeit bzw. ihrer Dringlichkeit zu sortieren:

- Welche Termine müssen sofort erledigt werden?
- Welche Termine können oder müssen verschoben werden?
- Was passiert, wenn ein Termin verstreicht? Versuchen Sie, die Folgen abzuschätzen.
- Welche Termine können gestrichen werden?
- Können Termine gemeinsam abgearbeitet oder miteinander verbunden werden? Wenn ja, markieren Sie diese.
- Legen Sie Dringlichkeitsstufen fest, etwa wie folgt:
  - Stufe 1: sehr wichtig oder dringend, muss sofort erledigt werden
  - Stufe 2: wichtig, aber kein dringender Handlungsbedarf notwendig
  - Stufe 3: eher unwichtig, nicht dringend, sollte aber erledigt werden
  - Stufe 4: unwichtig, hier muss nichts getan werden

7.1.4 Vierter Schritt: Zuständigkeiten klären

Denken Sie daran, dass Sie nicht alle Positionen selbst abarbeiten müssen. Manches können Sie an Ihre Mitarbeiter oder an Familienmitglieder delegieren. Teilen Sie die Positionen auf und ordnen Sie jeweils die Personen zu, die die Aufgaben erledigen sollen. Dabei helfen die folgenden Fragen:

- Welche Aufgaben und Termine muss ich selbst erledigen?
- Welche Aufgaben und Termine kann ich delegieren?
- Wer kann welche Aufgaben oder Termine erledigen?

7.1.5   Fünfter Schritt: Notizen schreiben

Notieren Sie zu jeder Mitteilung, Aufgabe oder Position, wie Sie vorgehen werden. Nehmen Sie dafür Ihren Terminkalender zur Hilfe. Arbeiten Sie die einzelnen Positionen der Reihe nach unter folgenden Gesichtspunkten ab:

- Übernehmen Sie die Aufgabe selbst? Wenn ja, wie? Welche Entscheidung treffen Sie? Wer führt sie aus (ggf. Terminierung vorgeben)?
- Oder delegieren Sie die Aufgabe? Wenn ja: An wen wird delegiert und was genau (ggf. Terminierung vorgeben)? Müssen Sie die Durchführung sicherstellen bzw. kontrollieren? Wenn ja: Welche Kontrollinstrumente setzen Sie hierfür ein?

7.2   Nachfragen der Beobachter

In vielen Fällen folgt auf die schriftliche Ausarbeitung der Postkorbübung eine mündliche Diskussion mit den Beobachtern. Dabei sollen Sie Ihre Strategie, mit der Sie sich an die Lösung der Aufgabe gemacht haben, kurz skizzieren. Sie können hier ruhigen Gewissens die oben aufgeführte Fünf-Punkte-Strategie heranziehen.

Zudem werden die Beobachter einige Ihrer Entscheidungen kritisch hinterfragen und Sie um eine Erklärung bzw. eine Stellungnahme bitten. Es ist deshalb ratsam, sich bereits während der Lösung der Postkorbaufgabe Notizen zu machen, welche Entscheidungen Sie auf welcher Grundlage getroffen haben.

Kritische Nachfragen aus dem Kreis der Assessoren deuten nicht zwingend darauf hin, dass Ihre Vorgehensweise oder Ihr Lösungsweg falsch ist. In den meisten Fällen handelt es sich lediglich um einen Test, ob Sie bereit und fähig sind, eine einmal getroffene Entscheidung auch Kritikern und Skeptikern gegenüber zu verteidigen. Wenn Sie von Ihrer Entscheidung überzeugt sind, behalten Sie Ihren Standpunkt bei. Bleiben Sie ruhig und sachlich und erklären Sie den Beobachtern, warum Sie wie entschieden haben. Erkennen Sie während der Nachfragen allerdings, dass Sie falsch gelegen haben, scheuen Sie sich nicht davor, dies zuzugeben. Dadurch belegen Sie Ihre Fähigkeit, konstruktive Kritik anzunehmen, und die Bereitschaft, eigene Fehler zuzugeben und ggf. Entscheidungen zu revidieren.

7.3 Beispiel für eine Postkorbübung

Situation

Heute ist Donnerstag, der 10. Juli, 8:00 Uhr. Sie sind Kathrin Müller und betreten soeben Ihr Büro bei der mittelständischen Firma Solargo GmbH in Bad Homburg. Dort sind Sie als Assistentin der Geschäftsführung beschäftigt. Ihr Vorgesetzter — Harald Schilling — ist Geschäftsführer des Unternehmens, er hat es vor fast 20 Jahren gegründet. Heute sind dort insgesamt 450 Mitarbeiter beschäftigt. Das Unternehmen selbst agiert im Bereich Solartechnik, dabei hat es sich neben Solaranlagen aller Art auf Holzpellets spezialisiert. Zudem bietet das Unternehmen Seminare und Fortbildungen für Architekten, Planer und Handwerker sowie ein umfangreiches Sortiment an Fachbüchern und Fachliteratur an. Das Unternehmen ist europaweit tätig und hat je eine Niederlassung in den Niederlanden sowie in Großbritannien.

Herr Schilling wird in der kommenden Woche auf der Intersolar North America in San Francisco einen Vortrag halten und die Firma repräsentieren. Während dieser Zeit übernimmt sein Stellvertreter Herr Zucker mögliche anfallende Aufgaben. Seine Assistentin Kristin Wills sitzt ein Zimmer weiter.

Die Messe in San Francisco findet vom 15. bis zum 17. Juli statt. Ihr Vorgesetzter ist ein freier Redner, der sich lediglich anhand von Schlagwörtern, Notizen oder Powerpoint-Präsentationen orientiert. Gestern Abend haben Sie seine Notizen für seinen Vortrag erhalten. Sie sollen diese nun in eine Powerpoint-Präsentation umsetzen und um fundiertes Zahlenmaterial und Grafiken ergänzen. Eine erste Einschätzung Ihrerseits hat ergeben, dass Sie hierfür fünf Stunden einplanen sollten. Die Präsentation möchten Sie heute im Lauf des Vormittags erarbeiten und im Laufe des Nachmittags mit Herrn Schilling abstimmen. Gestern haben Sie bereits eine Stunde investiert, um entsprechendes Zahlen- und Bildmaterial zusammenzutragen. Zudem waren Sie bis in die Abendstunden im Büro, um einige liegengebliebene Dinge zu erledigen, bevor auch Sie heute eine Dienstreise antreten. Sie haben das Büro gegen 21:15 Uhr verlassen.

Für die generelle terminliche Kommunikation und Abstimmung mit Herrn Schilling steht Ihnen ein Online-Terminkalender (siehe unten) zur Verfügung. Dieser ist Ihnen sowie Herrn Schilling jederzeit zugänglich. Geänderte Termine können Sie Herrn Schilling mithilfe von Kurznachrichten auf sein Mobiltelefon senden. Ansonsten kommunizieren Sie persönlich, per E-Mail, per Handy oder in Ausnahmefällen per handgeschriebenem Memo. Ihr Firmenhandy können Sie auch privat nutzen, ebenso Ihren E-Mail-Account.

Sie haben ein BWL-Studium erfolgreich abgeschlossen. Für die Firma Solargo arbeiten Sie bereits seit drei Jahren. Nachdem Sie zuerst ein Trainee-Programm durchlaufen hatten, wurde Ihnen die Stelle als Assistentin des Geschäftsführers vor gut einem Jahr übertragen. Sie unterstützen Herrn Schilling im alltäglichen Geschäft: Sie planen seine Tagesabläufe und Reisen und bereiten sie vor, koordinieren seine Termine, versorgen ihn mit Informationen, erstellen Analysen, Studien oder Powerpoint-Präsentationen und übernehmen die operative Leitung verschiedener Projekte; das auch im Zusammenhang mit den Niederlassungen in Großbritannien und den Niederlanden. Sie verfügen über sehr gute Englischkenntnisse, Deutsch und Holländisch sind Ihre Muttersprachen.

Zur Seite steht Ihnen seit Montag Susanne Ammett, die bei Solargo derzeit ein dreimonatiges Praktikum absolviert. Sie hat bereits alle Stationen im Haus durchlaufen und verbringt nun ihre letzten drei Wochen bei Ihnen im Büro. Der Arbeitstag von Susanne Ammett beginnt um 10:00 Uhr. Schnell haben Sie festgestellt, dass sie zwar zuverlässig arbeitet, Selbständigkeit und Schnelligkeit gehören jedoch nicht zu ihren Stärken. Zudem arbeiten Ihnen zwei studentische Aushilfen zu, von denen jeweils eine täglich zwischen 9:00 und 12:00 Uhr anwesend ist. Heute arbeitet Rike Jäger, morgen Jana Goldner. Beide sind zuverlässig, motiviert und arbeiten effizient.

Arbeitsanweisung

Planen Sie bitte Ihren heutigen Arbeitstag bis zu Ihrer Abreise. Treffen Sie alle notwendigen Vorbereitungen und Entscheidungen für Ihre Dienstreise sowie die Ihres Vorgesetzten und die damit verbundenen Abwesenheiten. Arbeiten Sie alle Unterlagen ab, die Sie auf Ihrem Schreibtisch vorfinden. Vereinbaren oder verschieben Sie dafür Termine, delegieren Sie Aufgaben, treffen Sie alle notwendigen Entscheidungen und klären diese eventuell ab. Nehmen Sie zu den einzelnen Vorgängen schriftlich Stellung. Bitte geben Sie sämtliche von Ihnen gefertigten schriftlichen Unterlagen und Notizen mit ab.

Bearbeitungszeit: 45 Minuten, dann treffen Sie sich mit Ihrem Vorgesetzten zur terminlichen Absprache.

Die Bearbeitungszeit beginnt mit Austeilung der Unterlagen.

Mitteilung 1: Nachricht auf Ihrem Anrufbeantworter

Erhalten Mittwoch, 9. Juli, 21:29 Uhr
Hallo Frau Müller,
hier ist Richard Schmalzbauer von den Bad Homburger Nachrichten. Wir planen für die Wochenendausgabe Woche 29 eine Sonderbeilage zum Thema Energiesparen und erneuerbare Energien. Herr Schilling zeigte sich vor vier Wochen bei der Gala in der Frankfurter Festhalle begeistert. Wir haben nun eine knappe Seite für Interview und Firmenpräsentation reserviert. Bitte rufen Sie mich doch wegen eines Interviewtermins mit Herrn Schilling zurück. Meine Nummer lautet 06172 48484412.
Da die Zeit wieder einmal drängt, müssten wir das Interview noch diese Woche über die Bühne bringen, spätestens jedoch am Montag.
Vielen Dank und auf Wiederhören.

Mitteilung 2: E-Mail in Ihrer Mailbox

Erhalten heute um 7:44 Uhr
Guten Morgen Frau Müller,
ich sitze gerade an einem Text über energiesparende Einfamilienhäuser und wollte fragen, ob Sie nicht Interesse haben, den Text in einer Ihrer Broschüren oder Ihrer monatlichen Zeitschrift „**Solargo**es public" abzudrucken. Ich kenne Herrn Schilling noch aus Schulzeiten und wollte alte Bekanntschaften gerne mal wieder aufleben lassen.
Schöne Grüße aus Hamburg, Götz Zenter

Mitteilung 3: Fax

Erhalten heute um 6:40 Uhr
An alle Mitarbeiter
Am Montag, den 14. Juli, 7:00 bis 16:00 Uhr
werden Fensterreinigungsarbeiten am gesamten Gebäude durchgeführt. Wir bitten Sie daher, die Fenster geschlossen zu lassen sowie den Platz vor den Fenstern frei zu räumen, um unseren Mitarbeitern die Arbeit zu erleichtern.
Ihr Hausmeisterdienst Fassner GmbH

Mitteilung 4: E-Mail von der Marketing-Abteilung

Erhalten heute 8:02 Uhr
Hallo Kathrin,
wann können wir denn mit dem Okay für die neuen Flyer rechnen? Die sollten heute, spätestens aber morgen in Druck gehen.
Grüße, Lisa

Mitteilung 5: E-Mail

Erhalten heute 8:06 Uhr

Dear Ms. Mueller

We sincerely regret to inform you that we cannot comfirm your online reservation for Mr. Schilling starting July 15th for two nights at the Marriott Airport Hotel. Our hotel is fully booked for those respective nights.

We apologize for any inconvenience this may cause to you and hope to see you soon again.

Sincerely

Anne Gosh

Head of reservations

Mitteilung 6: Kärtchen an einem Paket auf Ihrem Schreibtisch

Pünktlich wie immer. Fünf Kilo beste Espressobohnen direkt vom italienischen Delikatessengeschäft. Die sollten jetzt erst mal ein Weilchen reichen.

Grüße Ingrid

Mitteilung 7: Nachricht auf Ihrer Mobil-Mailbox

Erhalten gestern um 23:47 Uhr

Kathrin, brauche einen früheren Flug. Muss schon Freitag früh in S.F. sein. Rückflug erst am Samstagabend, habe einige Gesprächstermine mit potenziellen Kunden und Partnern vereinbart. Hotel entsprechend, bitte in S.F.

HS

Mitteilung 8: E-Mail in Ihrem Posteingang

Erhalten heute um 6:55 Uhr

Kathrin,

brauche die PP-Präsentation noch vor Abflug zur Ansicht, damit ich sie im Flieger durchgehen kann. Wo können wir die Endversion ausdrucken?

HS

Mitteilung 9: Nachricht auf dem Anrufbeantworter

Erhalten heute 8:09 Uhr

Hier ist Grill von der Firma Werter. Ich muss den Termin mit Herrn Schilling aus familiären Gründen leider absagen. Bitte rufen Sie mich zurück, damit wir einen neuen Termin vereinbaren können.

Danke und auf Wiederhören

Mitteilung 10: E-Mail in Ihrem Posteingang

Erhalten heute um 7:44 Uhr

Kathrin, wann erhalten wir das Protokoll vom letzten Lenkungsausschuss? Wer ist denn diesmal dafür zuständig? London?

Grüße, Timo

Mitteilung 11: Memo von Herrn Schilling

Erhalten gestern Abend um 22:01 Uhr

Kathrin,

Ihre Vorschläge und Kritikpunkte bezüglich der neuen Flyer gehen so in Ordnung. Gelungenes Layout!

HS

Mitteilung 12: Handschriftliches Memo

Erhalten gestern um 23:52 Uhr

Kathrin,

für das Meeting mit Halmer brauche ich einen aktuellen Ausdruck der Studie über unsere Marktanteile und die Akten Halmer sowie Johnson.

HS

Mitteilung 13: Fax

Erhalten gestern um 23:12 Uhr

Sehr geehrter Herr Schilling,

wir planen in absehbarer Zeit, ein Einfamilienhaus zu bauen, und wollten uns mal über die Möglichkeiten einer Solaranlage für die Warmwasserbereitung informieren. Wir würden uns freuen, wenn Sie uns zurückrufen würden, um einen Termin auszumachen, vornehmlich am Wochenende, da wir beide während der Woche beruflich sehr eingespannt sind.

Sie erreichen uns am besten unter der Telefonnummer 069 1234567.

Besten Dank, mit freundlichen Grüßen

Horst Reiber

Mitteilung 14: E-Mail-Bestätigung mit Informationen in Ihrer Mailbox

Erhalten gestern um 21:55 Uhr

Fahrgast	Kathrin Müller
Reiseroute	ab: Frankfurt a. Main an: Amsterdam
Reisezeit	ab 13:28 an 17:25
Sitzplatzreservierung	Zug 34 Wagen 553 Sitzplatz 21, Fensterplatz
Reiseklasse	1. Klasse

Mitteilung 15: E-Mail in Ihrer Mailbox

Erhalten heute um 7:44 Uhr

Hallo Frau Müller,

ich würde die Führung durch das Unternehmen sehr gerne machen, aber ich bin da bereits im Urlaub. Tut mir leid. Aber fragen Sie doch Herrn Tischler vom Vertrieb, der hat das ebenfalls schon einige Male gemacht.

Viele Grüße, Heike Dylon

Mitteilung 16: E-Mail in Ihrer Mailbox

Erhalten heute um 7:55 Uhr

Hallo Kathrin,

herzlichen Glückwunsch, jetzt bist Du also für die Organisation und Leitung des Projekts SUN zuständig. Um unsere Planungen abzuschließen, brauchen wir den Zeitplan für das Projekt bis spätestens 22. Juli.

Grüße, Martin

Mitteilung 17: E-Mail in Ihrer Mailbox

Erhalten heute 8:13 Uhr

Hallo Kathrin

Wie sieht's heute mit Mittagessen aus? Darf ich Dich einladen, als Dankeschön sozusagen, dass Du die Vase mit nach Amsterdam nimmst? Habe das teure Stück dabei, gut eingepackt, damit auch nichts kaputtgeht. Meine Patentante freut sich schon, Dich am Samstag zu sehen.

Bis später dann, Maja

Mitteilung 18: E-Mail in Ihrer Mailbox

Erhalten gestern um 22:11 Uhr

Kathrin,

hier das Minutes vom letzten Steering Committee.

Best regards, Charles

Mitteilung 19: E-Mail in Ihrer Mailbox

Erhalten gestern um 21:05 Uhr

Hallo Schwesterchen,

ich freue mich auf das Wochenende mit Dir in Amsterdam. Dein Gästebett ist schon gerichtet. Wann soll ich Dich denn vom Bahnhof abholen?

Liebe Grüße, Anne

Mitteilung 20: SMS auf Ihrem Smartphone

Erhalten heute 8:21Uhr
Hello Kathrin
Unfortunately, I have not received the access code for the conference call for today.
Eric

Mitteilung 21: E-Mail in Ihrer Mailbox

Erhalten heute um 7:31 Uhr
An alle,
wir feiern morgen den Ausstand von Cornelia Sinner. Los geht's ganz ungezwungen um 16:00 Uhr in der Cafeteria.
Grüße, Julia

Mitteilung 22: E-Mail in Ihrer Mailbox

Erhalten heute um 00:10 Uhr
Kathrin,
morgen nur noch das Nötigste! Ich vertraue Ihnen voll und ganz! Komme morgen gegen 8:45 Uhr ins Büro und habe dann knapp zehn Minuten Zeit für Sie zwecks Absprachen.
HS

Informationsmaterial 1

Auf Ihrem Schreibtisch befindet sich eine Reisebestätigung zur Flugreise von Herrn Schilling mit folgenden Informationen und Reisedaten:

Fluggast	Harald Schilling
Reisedaten, Hinflug	14. Juli*
	ab: Frankfurt a. Main, International Airport an: San Francisco, International Airport
	ab 17:25* an 11:55
Sitzplatzreservierung	11A
Reiseklasse	Business Class

Reisedaten, Rückflug	17. Juli*
	ab: San Francisco, International Airport
	an: Frankfurt a. Main, International Airport
	ab 13:55
	an 09:45
Sitzplatzreservierung	10A
Reiseklasse	Business Class

* Aufgrund Ihres Kundenstatus bitten wir Sie, spätestens eine Stunde vor Abflug einzuchecken.

Informationsmaterial 2

Fahrplan Deutsche Bundesbahn Frankfurt a. Main — Amsterdam, Centraal (Niederlande)

Bahnhof/Haltestelle	Zeit	Dauer	Umsteigen
Frankfurt a. Main Hbf Amsterdam Centraal	13:28 17:25	3:57	0
Frankfurt a. Main Hbf Amsterdam Centraal	14:42 20:25	5:43	2
Frankfurt a. Main Hbf Amsterdam Centraal	16:25 21:55	5:30	2
Frankfurt a. Main Hbf Amsterdam Centraal	16:29 20:25	3:56	0
Frankfurt a. Main Hbf Amsterdam Centraal	17:31 21:55	4:24	1
Frankfurt a. Main Hbf Amsterdam Centraal	17:46 21:55	4:09	1
Frankfurt a. Main Hbf Amsterdam Centraal	17:47 23:25	5:38	2
Frankfurt a. Main Hbf Amsterdam Centraal	19:28 23:25	3:57	0
Frankfurt a. Main Hbf Amsterdam Centraal	19:48 07:52	12:04	3
Frankfurt a. Main Hbf Amsterdam Centraal	20:10 06:52	10:42	3

Informationsmaterial 3

Flugplan der Deutschen Lufthansa: Frankfurt a. Main — San Francisco, CA, USA

Flugroute	Zeit	
Frankfurt a. Main, International Airport San Francisco, International Airport	09:45 11:55	täglich
Frankfurt a. Main, International Airport San Francisco, International Airport	14:00 16:19	täglich
Frankfurt a. Main, International Airport San Francisco, International Airport	17:25 19:54	täglich

Flugplan der Deutschen Lufthansa: San Francisco, CA, USA — Frankfurt a. Main

Flugroute	Zeit	
San Francisco, International Airport Frankfurt a. Main, International Airport	13:51 09:35	täglich
San Francisco, International Airport Frankfurt a. Main, International Airport	13:55 09:45	täglich
San Francisco, International Airport Frankfurt a. Main, International Airport	18:56 15:00	täglich

Informationsmaterial 4: Informationen Terminkalender von HS

Stand Mittwoch, 9. Juli, 21:10 Uhr

Donnerstag, 10. Juli
- 9:00 Uhr: Meeting Solaria (span. Solarunternehmen)
  - → Marktanalyse erstellen (erledigt)
  - → Infomaterialien zusammenstellen (erledigt)
  - → Besprechungszimmer richten
- 13:00 Uhr: Treffen mit Halmer
  - → Konferenzzimmer richten
- 17:00 Uhr: Telefonkonferenz mit Smith (GB), Andeer (NL)
  - → Konferenz anmelden (erledigt)
  - → Zugangsdaten verteilen (erledigt)

Freitag, 11. Juli
- 13:00 Uhr: Treffen mit Hr. Grill, Fa. Werter
  - → Tisch im Raben bestellen (erledigt)
  - → Akten bereitlegen

- 20:00 Uhr: Festgala mit ConsultSolar und Kunden Herting, Minger & Ehepartner
  - → Karten besorgen (erledigt)
  - → Einladungen verschicken (erledigt)
  - → Limousine besorgen für 6 Personen (erledigt)

Montag, 14. Juli

- 8:00 Uhr: Treffen mit Betriebsrat
  - → Sitzungszimmer richten
- 11:00 Uhr: Treffen mit BUND in Frankfurt
  - → Fahrer Bescheid geben (erledigt)
- 17:25 Uhr: Flug nach S.F.
  - → Fahrer Bescheid geben (erledigt)

Dienstag, 15. Juli

- 9:00 Uhr: Eröffnung Intersolar San Francisco
- 12:00 Uhr Podiumsdiskussion Intersolar

Mittwoch, 16. Juli

- ab 9:00 Uhr: Intersolar San Francisco

Donnerstag, 17. Juli

- Ab 9:00 Uhr: Intersolar San Francisco
- 9:30 Uhr: Vortrag Intersolar San Francisco, Powerpoint-Präsentation
- 13:55 Uhr: Abflug San Francisco International Airport nach Frankfurt

Freitag, 18. Juli

- 14:00 Uhr: Treffen mit Vertretern „Häuslebauer"
  - → Beratungszimmer richten

Montag, 21. Juli

- 10:00 Uhr: Lenkungsausschuss
  - → Einladungen verschicken (erledigt)
  - → Unterlagen bereitlegen
- 14:00 Uhr: Meeting mit Swiss Solar
  - → Beratungszimmer richten
  - → Führung durch das Unternehmen planen (in Arbeit)
- 16:00 Uhr: Treffen mit dem hessischen Umweltminister
  - → Fahrer Bescheid geben
- 18:00 Uhr: Solarinitiative Hessen, Frankfurter Hof
  - → Fahrer Bescheid geben

Anmerkung: Mit → haben Sie Informationen für sich selbst gekennzeichnet.

Informationsmaterial 5: Informationen Terminkalender von K. Müller

Stand Mittwoch, 9. Juli, 21:10 Uhr
Donnerstag, 10. Juli
16:29 Uhr: Abfahrt Frankfurter Hbf nach Amsterdam Centraal

Freitag, 11. Juli
9:00 Uhr: Teammeeting Projekt Wind Park, Amsterdam

Montag, 14. Juli
9:40 Uhr: Abflug Amsterdam Airport nach London Heathrow
10:00 Uhr: Ankunft London Heathrow
13:00 Uhr: Projektleiter-Meeting, 20 Jahre Solargo, London

Mittwoch, 16. Juli
6:25 Uhr: Abflug London Airport Heathrow nach Frankfurt
8:55 Uhr: Ankunft Frankfurt Airport

Informationsmaterial 6: Kalender für den Monat Juli

M	D	M	D	F	S	S
	1	2	3	4	5	6
7	8	9	10	11	12	13
14	15	16	17	18	19	20
21	22	23	24	25	26	27
28	29	30	31			

Informationsmaterial 7: Ausdruck Routenplaner

Bad Homburg — Frankfurt, Airportring
Entfernung 27,53 km; Dauer: 22 Minuten
Bad Homburg — Frankfurt, Hbf
Entfernung 21,20 km; Dauer: 21 Minuten

Wir haben Ihnen für diese Postkorbübung einen Lösungsvorschlag erarbeitet. Falls Sie diese Übung selbst durchführen wollen, überspringen Sie am besten die nächsten sieben Seiten.

7.4 Lösungsvorschlag zur Postkorbübung

Erster Schritt: Erfassen der Situation sowie der Positionen

- Lesen Sie die Situationsbeschreibung und alle Mitteilungen sorgfältig durch.
- Markieren Sie wichtige Termine, Aufgaben und Personen.
- Notieren Sie sich ggf. die zur Verfügung stehenden Personen.

Zweiter Schritt: Eintragung in den Terminkalender

- Tragen Sie alle Termine in einen Kalender ein. Falls kein Kalender zur Verfügung steht, erstellen Sie einen.
- Markieren Sie alle Termine, die entweder mit Ihrer Geschäftsreise kollidieren oder aus anderen Gründen verschoben werden müssen.

Dritter Schritt: Erstellen Sie eine Dringlichkeitsliste.

Stufen Sie die einzelnen Termine und Aufgaben bezüglich ihrer Dringlichkeit ein.

Vierter Schritt: Zuständigkeit klären

- Entscheiden Sie, welche Termine und Aufgaben Sie selbst wahrnehmen bzw. welche Sie an wen delegieren werden.
- Legen Sie fest, welche Entscheidungen Sie selbst treffen und welche Sie an wen delegieren werden.

Fünfter Schritt: Notieren Sie zu jeder Mitteilung, zu jeder anfallenden Position wie Sie vorgehen werden

Achten Sie dabei darauf, dass folgende Informationen in Ihren Notizen enthalten sind:

- Wer übernimmt die Aufgabe und wann? Wie soll sie ausgeführt bzw. erledigt werden?
- Wie kann ich delegierte Aufgaben kontrollieren? Welche müssen kontrolliert werden?

Terminkalender und Notizen

Datum	Termin/Aktivität		Dringlichkeit	Zuständig-keit
Do 10.07.	sofort	Flug für Herrn Schilling umbuchen auf heute 17:25, Rückflug Samstagabend 18:56	Stufe 1	Ich
	8:30	Besprechungszimmer herrichten, Akten bereitlegen	Stufe 1	Ich
	8:40	Festgala: Kristin Wills Bescheid geben	Stufe 1	Ich/Zucker
	8:45	Besprechung mit Herrn Schilling	Stufe 1	Ich
	9:00	Gespräch mit Rike Jäger, Aufgaben-erteilung		Ich
		Hotel für Herrn Schilling buchen	Stufe 1	Rike Jäger
		Ausdruckmöglichkeit in USA organisieren	Stufe 1	Rike Jäger
		Flyer, Änderungen mitteilen etc.	Stufe 1	Rike Jäger
		Konferenzzimmer bis 13:00 Uhr herrichten,	Stufe 1	Rike Jäger
		Termin Halmer: Unterlagen, Marktstudie Telefonkonferenz absagen	Stufe 1	Rike Jäger
		Treffen mit Betriebsrat (Mo) absagen	Stufe 2	Rike Jäger
		Treffen mit BUND (Mo) Kristin Wills Bescheid geben	Stufe 2	Rike Jäger
		Treffen mit Häuslebauern (Fr) Kristin Wills Bescheid geben	Stufe 2	Rike Jäger
	9:15–13:30	Erstellen PowerPoint-Präsentation für Herrn Schilling	Stufe 1	Ich

Datum	Termin/Aktivität		Dringlichkeit	Zuständig-keit
	10:00	Gespräch mit S. Ammett/ Aufgabenverteilung		Ich
		Tisch im Raben abbestellen	Stufe 2	S. Ammett
		Päckchen mit Kaffee	Stufe 3	S. Ammett
		Fax von Horst Reiber weiterleiten	Stufe 3	S. Ammett
		Organisation der Führung durch das Unternehmen (Swiss Solar)	Stufe 2	S. Ammett
		Späteren Zug für mich buchen (16:29), wg. Sitzplatzreservierung möglichst sofort	Stufe 1	S. Ammett
		Studie und Akten für Meeting mit Halmer ausdrucken	Stufe 1	S. Ammett
		Blumen besorgen für Hr. Schillings Mutter	Stufe 3	S. Ammett
		Taxi für mich bestellen für 15:50 Uhr	Stufe 2	S. Ammett
	vorm.	Fahrer von Hr. Schilling über neue Termine informieren, inkl. heute 15:45 Uhr	Stufe 1	Ich
	vorm.	Bad Homburger Nachrichten — weiterleiten	Stufe 1	Herr Zucker
	vorm.	E-Mail an Maja wegen Essen und Vase	Stufe 3	Ich
	nachm.	Mail an Timo mit Protokoll Lenkungsausschuss (Steering Committee) im Anhang	Stufe 2	Ich
	nachm.	Grill wg. neuem Termin anrufen	Stufe 2	Ich
	nachm.	Text Götz Zenter weiterleiten	Stufe 3	Ich
	15:50	Abfahrt Frankfurter Hbf nach Amsterdam		
Fr 11.07.	9:00	Teammeeting Projekt Windpark, Amsterdam	Stufe 1	Ich
	nachm.	Ausstand Cornelia Sinner	Stufe 4	ohne Folgen

Postkorbübungen

Datum	Termin/Aktivität		Dringlichkeit	Zuständig-keit
Mo 14.07	9:40	Flug Amsterdam — Frankfurt	Stufe 2	Ich
	13:00	Projektleiter-Meeting: 20 Jahre Solargo	Stufe 2	Ich
		Fensterreinigung, Platz freiräumen	Stufe 3	Jana Goldner
Di 15.07	6:25	Flug London—Frankfurt	Stufe 2	Ich
Mi 16.07.	vorm.	Ausarbeitung Zeitplan Projekt SUN	Stufe 2	Ich
Mo 21.07.	14:00	Organisation der Führung durch das Unternehmen (Swiss Solar)	Stufe 2	S. Ammett
	vorm.	Schilling wegen Götz Zenter ansprechen	Stufe 3	Ich

Mitteilung 1

Ich informiere Kristin Wills, dass Herr Zucker Kontakt mit dem Redakteur aufnehmen und das Interview führen muss.

Mitteilung 2

Ich verweise Herrn Zenter an die zuständige Abteilung im Unternehmen. Sage ihm aber zu, dass ich Herrn Schilling nach dessen Rückkehr aus den USA auf die Schulbekanntschaft ansprechen werde.

Mitteilung 3

Ich lege Jana Goldner für morgen das Fax auf den Tisch mit der Bitte, den Platz vor dem Fenster zu räumen, bevor sie geht. Zudem soll sie einen entsprechenden Zettel an die Fenster kleben, dass diese am Montag von 7:00 bis 16:00 Uhr geschlossen bleiben sollten.

Mitteilung 4

Aufgrund von Mitteilung 11 beauftrage ich Rike Jäger, Lisa die notwendigen Änderungen zu übergeben. Zudem soll sie Lisa sagen, dass ich das Endresultat heute noch einmal sehen möchte: bis spätestens 14:00 Uhr.

Mitteilung 5

Ich trage Rike Jäger auf, sich um ein Hotel in San Francisco für Herrn Schilling zu kümmern. Sie soll dabei beachten, dass er heute Abend schon fliegt und erst am Sonntag die USA wieder verlässt. Zudem soll sie klären, ob im Hotel eine PP-Präsentation ausgedruckt werden kann. Falls nicht, soll sie klären, wo dies möglich ist.

Mitteilung 6

Hat keine weiteren Auswirkungen auf mich. Bitte jedoch die Praktikantin, die Kaffeepackungen in die Teeküche zu bringen und zu verräumen.

Mitteilung 7

Ich rufe bei Lufthansa an und buche den Flug um auf heute Nachmittag, 17:25 Uhr. Zudem gebe ich dem Fahrer Bescheid, dass er Herrn Schilling heute um 15:45 Uhr abholen soll und spreche die Termine der folgenden zwölf Tage durch. Aufgrund der veränderten Reisepläne von Herrn Schilling hat sich hier einiges geändert.

Mitteilung 8

Ich plane, die PPP im Lauf des Vormittags zu erarbeiten.

Mitteilung 9

Ich streiche den Termin mit Herrn Grill von der Firma Werter im Kalender und beauftrage Susanne Ammett, den Tisch im Restaurant Raben abzubestellen. Im Lauf des Nachmittags rufe ich Herrn Grill an, um einen neuen Termin mit ihm zu vereinbaren.

Mitteilung 10

Ich teile Timo mit, dass dieses Mal Charles für das Protokoll des Lenkungsausschusses (Steering Committee) zuständig ist. Da ich das Protokoll heute bekommen habe, leite ich es an Timo weiter.

Mitteilung 11

Siehe Mitteilung 4.

Mitteilung 12

Da weder die Praktikantin noch Rike Jäger im Haus sind, muss ich selbst das Konferenzzimmer richten und die Unterlagen bereitlegen.

Mitteilung 13

Ich leite das Fax von Horst Reiber an den zuständigen Vertriebsmitarbeiter bzw. Solarberater weiter.

Mitteilung 14

Da ich heute noch einiges vor meiner Abreise erledigen muss, bitte ich Susanne Ammett, meine Abreise auf 16:29 Uhr umzubuchen und mir einen neuen Sitzplatz zu reservieren.

Mitteilung 15

Ich beauftrage Susanne Ammett, sich mit Herrn Tischler wegen der Firmenführung in Verbindung zu setzen. Ggf. soll sie nach Ersatz suchen.

Mitteilung 16

Da ich ab Mittwoch, den 16. Juli wieder im Hause bin, kann ich die Ausarbeitung des Zeitplans auf die Zeit nach meiner Dienstreise verschieben.

Ich bedanke mich dennoch schnell per E-Mail für die Glückwünsche und sage den 22. Juli als Termin zu.

Mitteilung 17

Teile meiner Freundin Maja mit, dass ich heute leider keine Zeit zum gemeinsamen Mittagessen haben werde, und bitte sie, mir die Vase im Lauf des Tages vorbeizubringen, spätestens bis 15:30 Uhr, oder aber gegen 16:20 Uhr, dann aber am Hauptbahnhof.

Mitteilung 18

Ich bedanke mich kurz per E-Mail für die Unterlagen. Alles Weitere siehe Mitteilung 10.

Mitteilung 19

Teile meiner Schwester mit, dass ich leider später losfahren werde und erst gegen 20:25 Uhr in Amsterdam ankomme, ggf. ein Taxi nehme.

Mitteilung 20

Ich entschuldige mich per SMS bei Eric, dass er die Daten nicht bekommen hat, teile ihm aber auch mit, dass die Telefonkonferenz leider verschoben werden muss, da sich Herr Schilling zu dieser Zeit bereits auf dem Weg in die USA befindet.

Mitteilung 21

Da ich auf Geschäftsreise bin, kann ich nicht zur Ausstandfeier. In einer kurzen E-Mail bedauere ich, dass ich nicht dabei sein kann.

Mitteilung 22

Ich erstelle eine Liste mit Terminen und Informationen zur Absprache mit Herrn Schilling. Da ich ihn nur mit dem Nötigsten belasten soll, nehme ich nur die Punkte auf, die tatsächlich besprochen werden müssen bzw. gebe nur die Informationen weiter, die er unbedingt benötigt.

- Flug ist umgebucht, Hotel und Ausdruckmöglichkeit wird organisiert
- PPP wird vor Abflug fertig sein
- Anfallende Termine an Zucker abgegeben
- Festgala, Treffen mit BUND und Häuslebauern
- Treffen mit Betriebsrat abgesagt, neuer Termin in Planung

> **! ACHTUNG**
>
> Gehen Sie beim Bearbeiten von Postkorbübungen folgendermaßen vor:
> - Aufmerksames Lesen der Unterlagen und Erfassen sämtlicher Positionen, Termine, Aufgaben etc.
> - Terminkalender mit allen Positionen, Terminen und Aufgaben erstellen
> - Dringlichkeitsliste erstellen und Positionen kategorisieren
> - Zuständigkeiten klären, Aufgaben delegieren
> - Entscheidungen treffen
> - Eventuell Termine verschieben
> - Notizen bzw. Mitteilungen und Kommentare verfassen
> - Umgang mit den Nachfragen der Beobachter, zum Beispiel warum Sie welche Entscheidung getroffen haben und ob Sie immer noch hinter Ihren Entscheidungen stehen

8 Fallstudien, Schätzaufgaben, Planspiele

Fallstudien und Planspiele simulieren komplexe, berufsnahe Situationen. Bei diesen Übungen steht nicht nur die Herangehensweise der Kandidaten an das Problem unter Beobachtung, sondern es geht auch um das Ergebnis. Insgesamt achtet die Jury vor allem darauf, wie es um die folgenden Kompetenzen bestellt ist:

- Problemfindungsfähigkeit, Problemorientiertheit

- Entscheidungsfähigkeit, Entscheidungsfreude

- Ergebnisorientiertheit

- Analytische Fähigkeiten

- Kombinationsfähigkeit

- Eventuell Führungsstil und -qualitäten

- Eventuell Mitarbeiterführung, Mitarbeitermotivation

- Eventuell Teamarbeit

Bei vielen Fallstudien und Planspielen gibt es keine allgemeingültige Lösung, Sie sollten demnach nicht zu viel Zeit damit verbringen, nach dem perfekten Weg zu suchen. Ausschlaggebend ist vielmehr, dass Sie überhaupt eine Idee entwickeln und diese auch darstellen können. Die Ergebnisse werden entweder schriftlich oder mündlich präsentiert, manchmal werden beide Varianten gefordert.

! WICHTIG

Die Informationen, die Sie erhalten, können umfangreich sein, müssen es aber nicht. Wenn Sie für die Aufgabe zahlreiche Unterlagen und Dokumente erhalten, sollten Sie vorab die wichtigen von den weniger wichtigen trennen. Allerdings ist nicht immer von vornherein klar, welche Informationen von Bedeutung sind und welche nicht. Manches erschließt sich erst im Zusammenhang. Arbeiten Sie die Unterlagen daher sorgfältig durch, das spart in einigen Fällen viel Zeit und Arbeit.

Planspiele können Ihnen im Assessment Center als Einzel- oder Gruppenübung begegnen. Während Sie in Einzelübungen auf sich gestellt sind, müssen Sie bei den Gruppenübungen einmal mehr Ihre Teamfähigkeit unter Beweis stellen. Im ersten Fall sind vor allem das Ergebnis und eventuell Ihr Vortrag für die Bewertung entscheidend, im zweiten Fall die Art und Weise der Lösungsfindung. Das bedeutet allerdings nicht, dass es nicht weiter schlimm ist, wenn eine Gruppe kein Ergebnis vorweisen kann. Im Gegenteil: Das Grundkriterium für erfolgreiche Teamarbeit ist das gemeinsame Hinarbeiten auf ein Ziel. Wird es nicht erreicht oder kann keine Lösung gefunden werden, fällt die Bewertung durch die Assessoren entsprechend aus.

8.1 Fallstudie

Fallstudien als Gruppenübung ähneln Gruppendiskussionen sehr, vor allem in Bezug auf den Prozess der Ergebnisfindung. Sie treffen die Entscheidungen nicht alleine, sondern müssen sie im Konsens mit den übrigen Gruppenmitgliedern finden. Wenn Sie sich also an unseren Empfehlungen in Kapitel 5 orientieren, ist ein Teil der Vorbereitung auf die Fallstudien schon geschafft. Allerdings ist die vorgegebene Informationsmenge, die bei Fallstudien als Arbeitsgrundlage für die Gruppe dient, wesentlich umfangreicher.

TIPP

Nicht immer stehen allen Gruppenmitgliedern die gleichen Informationen zur Verfügung. Es kommt durchaus vor, dass die Fallstudie einem Rollenspiel gleicht. Alle Mitwirkenden nehmen dann im Prinzip eine andere Rolle an und erhalten entsprechende Unterlagen. Klären Sie also zu Beginn der Übung ab, wer welche Informationen hat. Tauschen Sie sich dann mit den übrigen Bewerbern aus, damit alle den gleichen Wissens- und Informationsstand haben.

Die Fallstudie entspricht in diesem Fall einem Puzzle und Sie haben zunächst nur einen Teil davon erhalten. Erst zusammen mit den Teilen der anderen Kandidaten ergibt sich schließlich ein Gesamtbild der Situation und somit auch des zu lösenden Problems. Diese Vorgehensweise ist nicht unüblich, entspricht sie doch dem beruflichen Alltag, in dem nicht alle Mitarbeiter auf dem gleichen Wissensstand sind, sondern sich zunächst beispielsweise in einem Meeting austauschen und schließlich eine Lösung für die anstehenden Probleme erarbeiten müssen.

Die folgenden Beispiele sind lediglich Kurzbeschreibungen bzw. Zusammenfassungen der eigentlichen Aufgaben. In der Regel erhalten die Kandidaten umfangreiches Informationsmaterial.

Übung 1

Sie arbeiten in der Abteilung Projektentwicklung einer deutschen Billig-Airline. Da sich auf dem Markt viele Anbieter tummeln, sollen Sie ein effektives Kundenbindungsprogramm entwerfen, das wenig Kosten verursacht und trotzdem Kunden motiviert, sich auf eine, in diesem Fall Ihre Airline zu konzentrieren. In einem Brainstorming sollen die einzelnen Konzepte vorgestellt und diskutiert werden.

So könnten Ihre Notizen für das Brainstorming aussehen:

Kundenbindungsprogramm

Einführung eines besonderen Kundenstatus — dem VipFly. Der Kundenstatus basiert auf einem Punktesystem: Für jeden innerdeutschen Flug gibt es einen Punkt, für jeden internationalen Flug drei Punkte. Ab einem Stand von 50 Punkten erhält der Kunde den VipFly-Status. VipFly-Kunden haben besondere Privilegien, die für die Airline allerdings nicht kostenintensiv sind, zum Beispiel:

- Vorzugseinchecken: Zukünftig wird einer der beiden Schalter, die bislang zum Einchecken geöffnet waren, in einen sogenannten VipFly-Kunden-Check-in-Schalter umgewandelt. Stehen keine VipFly-Kunden mehr an, werden die übrigen Passagiere ebenfalls an diesem Schalter abgefertigt — keine zusätzlichen Kosten.
- Vorzugs-Hotline: VipFly-Kunden erhalten eine eigene Hotline-Telefonnummer. Die eingehenden Anrufe werden in das normale Call Center weitergeleitet, aber schneller angenommen. Statuslose Kunden müssen daher etwas länger in der Warteschleife warten — keine zusätzlichen Kosten.
- Verpflegung: VipFly-Kunden erhalten an Bord ein alkoholfreies Freigetränk — nur geringe zusätzliche Kosten, da an Bord sowieso Getränke verkauft werden.
- VipFly-Boarding: VipFly-Kunden kommen in den Genuss des sogenannten Pre-Boarding. Sie dürfen zuerst ins Flugzeug. Ein echter Vorteil, da die Airline keine Sitzplatzvergabe vornimmt und die VipFly-Kunden somit freie Sitzplatzwahl haben.
- VipFly-Karte: VipFly-Kunden erhalten eine Kundenkarte, mit der sie zum Beispiel beim Einchecken schneller erkannt werden.
- VipFly-Gepäck: Im Gegensatz zu den übrigen Kunden dürfen VipFly-Kunden ein größeres Handgepäckstück (Notebook-Koffer) kostenfrei mit ins Flugzeug nehmen — geringere Einnahmen, macht den VipFly-Status aber für Business-Reisende, die aus Kostengründen mit Billig-Airlines fliegen müssen, interessant.

Übung 2

Ihr Unternehmen will eine Tochtergesellschaft verkaufen. Bislang liefen die Preisverhandlungen sehr gut, vor allem da die Tochtergesellschaft ein vielversprechendes Medikament entwickelt hat, das demnächst auf den Markt kommen soll. Nun verzögert sich die Zulassung des neuen Produkts, allerdings haben Sie die Markteinführung schon groß angekündigt. Um den Schaden — vor allem mit Blick auf den geplanten Verkauf der Tochtergesellschaft — möglichst gering zu halten, muss das Unternehmen eine entsprechende Presseerklärung herausgeben. Erarbeiten Sie deren Inhalt und Aufbau, damit die Presseabteilung eine Grundlage hat, um die Erklärung auszuformulieren.

8.2 Schätzaufgaben

Schätzaufgaben kommen in Assessment Centern oft dann vor, wenn die Zeit für einen Business Case oder eine Fallstudie zu knapp ist. Meist werden sie im Rahmen der Einzelgespräche (Interviews) eingesetzt. Bei vielen Assessoren sind die Schätzaufgaben sehr beliebt, weil man unvorbereitete Kandidaten sehr schnell ins Schwitzen bringen kann. Denn was soll man auf die Frage „Wie viele Tankstellen gibt es in den USA?" antworten. Wo und vor allem wieso hätte man das im Vorfeld nachschlagen sollen?

Die Juroren erwarten nicht, dass Sie die exakte Zahl wissen. Sie erwarten auch nicht, dass Sie die Zahl erraten! Vielmehr gilt der Grundsatz: Der Weg ist das Ziel. Und das zu einhundert Prozent. Die Beobachter interessieren sich kaum dafür, ob es nun 100.000 oder 200.000 Tankstellen in den USA gibt, sondern sie wollen sehen, wie Sie an die Lösung herangehen und sich das Ergebnis herleiten. Wichtig ist, dass Sie Ihre Annahmen begründen und erklären können. Wenn Sie es mit Schätzaufgaben zu tun bekommen, achten die Juroren vor allem auf die folgenden Eigenschaften:

- Logisches und strategisches Denken
- Kreativität
- Analytisches Denken
- Argumentationsfähigkeit

Schätzaufgaben leben davon, dass man die genaue Antwort nicht kennt und Annahmen treffen muss. Je weiter Sie Ihre Annahmen auf eine Größe herunterbrechen, die Sie besser einschätzen können, desto genauer wird Ihre Schätzung.

Dazu schließen Sie dann — in umgekehrter Richtung — von der kleinen, überschaubaren Einheit auf die größere.

Wählen Sie bei Ihren Annahmen Zahlen, mit denen Sie gut rechnen und Werte überschlagen können. Es fällt nur wenigen leicht, durch sieben zu teilen oder mit 14 zu multiplizieren.

Übung

Schätzaufgabe: Wie viele niedergelassene Zahnärzte gibt es in Deutschland?

Lösungsmöglichkeit

Grund- und Ausgangsüberlegung:

- Grundversorgung der Bevölkerung mit Zahnärzten
- Bevölkerungszahl Deutschlands

In einer kleinen, überschaubaren Stadt oder Gemeinde mit rund 15.000 Einwohnern sind etwa zehn bis zwölf Zahnärzte angesiedelt. Um einfacher rechnen zu können, gehen wir von zehn Zahnärzten aus. Wenn zehn Zahnärzte auf 15.000 Einwohner kommen, kommt ein Zahnarzt auf 1.500 Einwohner. Ausgehend von rund 80 Millionen Einwohnern ergibt sich folgendes Ergebnis: Es gibt rund 53.333 (80.000.000 geteilt durch 1.500) Zahnärzte in Deutschland. Tatsächlich gibt es laut Bundeszahnärztekammer in Deutschland rund 55.000 niedergelassene Zahnärzte.

! **ACHTUNG**

Gerade bei diesen Aufgaben ist es für die Assessoren ein Leichtes, die Kandidaten durch gezieltes Nachfragen zu verunsichern. „Sind zwölf Zahnärzte nicht ein wenig viel? Ich komme aus einer Kleinstadt, und wir hatten nur fünf Zahnärzte!" Wenn Sie nicht das Gefühl haben, absolut danebenzuliegen, bleiben Sie bei Ihrer Annahme und untermauern diese ggf. Man möchte in den meisten Fällen testen, wie leicht Sie von Ihrer Meinung abzubringen sind bzw. wie Sie Ihre Meinung im Zweifel vertreten.

8.3 Planspiele, Unternehmensplanspiele

Das Planspiel ist eine Art Monopoly. Allerdings bekommen Sie zu Beginn nicht nur etwas Spielgeld in die Hand, sondern etwas ganz Konkretes, etwa eine Firma, ein Budget für ein Projekt oder die Aufgabe, im Ausland zu expandieren. Nun gilt es, anhand der zur Verfügung gestellten Informationen und Möglichkeiten das Beste aus der Grundsituation zu machen.

Sie können dabei beispielsweise Firmen kaufen, Tochterfirmen verkaufen, Geld anlegen oder Kredite aufnehmen, expandieren, neue Produkte entwickeln und so weiter. Die Grenzen hierfür werden jeweils vorgegeben. Das Planspiel ist eine der wenigen Aufgaben im Assessment Center, bei denen auch Ihr Fachwissen in einem gewissen Rahmen geprüft wird.

Planspiele sind als Einzel- oder Gruppenaufgabe möglich, sie können computerunterstützt sein, müssen es aber nicht. Falls ja, wird direkt nach Ihren Entscheidungen, Handlungen oder Aktionen die neue Situation ermittelt, die dann die Basis für weitere Maßnahmen bildet.

Unternehmensplanspiele erstrecken sich fiktiv einen längeren Zeitraum, sind deshalb meist sehr umfangreich und zeitintensiv und werden in vielen Assessment Centern immer seltener oder kombiniert mit Rollenspielen oder Ergebnispräsentationen eingesetzt. Reine Planspiele kommen meist nur bei zwei- oder mehrtägigen Assessment Centern oder bei Fortbildungsveranstaltungen für Mitarbeiter zum Zug.

! **ACHTUNG**

Fallstudien und Planspiele simulieren komplexe berufsnahe Probleme. Und so gehen Sie dabei vor:

- Die Informationsunterlagen sind meist umfangreich, daher ist es ratsam, erst alles gründlich durchzulesen.
- Bei Gruppenübungen sollte zuerst der Wissensstand aller Übungsteilnehmer angeglichen werden.
- Eine eindeutige Lösung gibt es meist nicht. Eine ewige Diskussion ist daher nicht zielführend, vielmehr geht es darum sich für einen sinnvollen Lösungsansatz zu entscheiden.
- Gruppenübungen ähneln Gruppendiskussionen.
- Bei Gruppenübungen wird Teamarbeit großgeschrieben.
- Eine mündliche Ergebnispräsentation am Ende ist möglich.

9 Konstruktionsübungen

Konstruktionsübungen können so aussehen wie das folgende Beispiel.

Auf dem Tisch vor Ihnen liegen drei Strohhalme, eine Plastiktüte, eine Rolle Klebeband und ein rohes Ei. Sie und Ihr Team sollen nun eine Konstruktion entwickeln, die es ermöglicht, das rohe Ei aus einer Höhe von drei Metern fallen und landen zu lassen, ohne dass es beschädigt wird. Sie haben dafür maximal zehn Minuten Zeit.

Für viele Kandidaten mag das Ziel offensichtlich sein: Das Ei muss unbeschadet unten ankommen. Für die Beobachter steht allerdings etwas anderes im Vordergrund. Sicherlich sollen die Teilnehmer die Übung ergebnisorientiert lösen, doch die Assessoren legen ihr Augenmerk nicht auf das Ziel an sich, sondern auf den Weg. Dabei nehmen sie folgende Kompetenzen ins Visier:

- Teamfähigkeit
- Kreativität
- Ausdauer
- Arbeitsorganisation
- Motivation

Konstruktionsübungen sind in der Regel Gruppenübungen. Im Vordergrund stehen dabei die Teamfähigkeit der Kandidaten sowie die Abstimmungs- und Arbeitsprozesse innerhalb des Teams. Für Sie bedeutet diese Gruppenübung, dass Sie in erster Linie nicht als Einzelkämpfer agieren, sondern im Team eine Lösung erarbeiten müssen.

Da Sie sich dennoch profilieren und beweisen wollen, müssen Sie auf zwei Ebenen agieren. Zusätzlich zu Ihrer Position im Team sollten Sie sogenannte Führungsaufgaben übernehmen, um sich vom Rest der Teilnehmer abzuheben. Das gelingt Ihnen am besten, wenn Sie zu Beginn der Bearbeitungszeit versuchen, die Übung zu strukturieren.

TIPP

Bei den meisten Aufgaben ist Zeit eine knappe Ressource, Sie können also nicht ewig über einen Lösungsweg diskutieren. Prüfen Sie daher vorab das Potenzial Ihres Teams. Fragen Sie, ob einer der Kandidaten Erfahrungen mit solch einer Übung hat und sein Wissen in den Lösungsprozess einbringen kann. Erkundigen Sie sich, ob einer der Bewerber spezielle Kenntnisse vorzuweisen hat. Ausgehend von unserer Übungsaufgabe mit dem rohen Ei wäre es sicher von Vorteil, einen Statiker oder Bauingenieur im Team zu haben.

Gehen Sie bei der Lösungsfindung folgendermaßen vor:

- Versuchen Sie, die Vorschläge der Kandidaten zu sammeln und weniger erfolgversprechende Ideen auszusortieren.
- Beziehen Sie ruhige Teilnehmer mit in die Diskussion ein. Achten Sie jedoch darauf, niemanden bloßzustellen.
- Bringen Sie selbst einen Lösungsvorschlag ein.
- Behalten Sie dabei die Uhr im Auge: Achten Sie darauf, dass nicht zu viel Zeit für die Diskussion verwendet wird, immerhin müssen Sie den erarbeiteten Lösungsweg auch noch praktisch umsetzen.
- Versuchen Sie daher, auf ein Ergebnis hinzusteuern.

Je nach Anzahl der Kandidaten werden die Teilnehmer in mehrere Gruppen eingeteilt. Wichtig ist, dass Ihr Team einen eigenen Lösungsweg entwickelt und umsetzt und nicht das Vorgehen eines anderen Teams kopiert. Bei dieser Übung kommt es auch auf die Kreativität an. Selbst wenn das Ei zerbrechen sollte, ist ein eigener Entwurf bei dieser Aufgabe besser als eine geglückte Landung mit einer gestohlenen Lösung.

Sollte Ihre Konstruktion die Erwartungen nicht erfüllen, versuchen Sie dennoch, eine gute Stimmung im Team zu bewahren. Zeigen Sie Selbstbewusstsein und Zuversicht. Motivieren Sie Ihre Teamkameraden, selbst wenn es keinen zweiten Versuch geben wird. Sätze wie „Die Idee war gut und vielversprechend, da müsste man nur noch ein wenig daran feilen" zeigen, dass Sie motiviert sind und sich für eine Sache begeistern können.

Auf der folgenden Seite finden Sie die Checkliste: Was Sie bei Konstruktionsübungen beachten müssen.

> **! ACHTUNG**
>
> Konstruktionsübungen sind praktische, kreative Übungen. Bei der Suche nach einer Lösung gilt Folgendes:
>
> - Kopieren Sie keine Ideen, beweisen Sie Ihre eigene Kreativität!
> - Achten Sie auf die Zeit! Die Lösung muss nicht nur gefunden, sondern auch noch umgesetzt werden.

10   Tests

Tests werden im Assessment Center immer seltener eingesetzt, ihr Stellenwert sinkt kontinuierlich. Meist werden sie nur noch benutzt, um den Druck auf die Bewerber während der gesamten Zeit gleichmäßig hoch zu halten, also etwa dann, wenn sich die Beobachter zur Beratung oder mit anderen Kandidaten zu einem Interview zurückziehen. Im Blickpunkt der Jury stehen dabei folgende Kompetenzen:

- Konzentrationsfähigkeit

- Belastbarkeit

- Intelligenz

- Logisches Denken

- Ausdauer

- Analytisches Denken

- Allgemeinwissen

- Persönliche Eigenschaften

Zum Einsatz kommen:

- Leistungs- und Konzentrationstests

- Intelligenztests

- Persönlichkeitstests

- Fachwissenstests

Nehmen Sie solche Tests keinesfalls auf die leichte Schulter, sondern bearbeiten Sie sie gewissenhaft. Sind sie in ein Assessment Center eingebaut, werden sie auch ausgewertet und fließen in die Beurteilung mit ein. Ein schlechtes Testergebnis kann dann zur Entscheidung für oder gegen Sie führen.

Die Testübungen selbst sind meist nicht sonderlich anspruchsvoll und inhaltlich gut zu lösen. Allerdings ist der vorgegebene Zeitrahmen erfahrungsgemäß sehr eng bemessen, die Fülle der Aufgaben daher nur schwer zu bewältigen. Sie sollten deshalb versuchen, den goldenen Mittelweg zu finden.

> **TIPP**
>
> Halten Sie sich mit einzelnen Aufgaben nicht zu lange auf. Das kostet wertvolle Zeit, die Sie für den Rest der Aufgaben noch brauchen. Es ist besser, eine Aufgabe auszulassen, weil Sie so schnell nicht auf die Lösung kommen, als die besagte Übung nach drei Minuten zu lösen und dafür zehn andere nicht zu schaffen.

10.1 Konzentrations- und Leistungstests

Im Assessment Center kommen am wahrscheinlichsten Konzentrations- und Leistungstests vor. Damit können die Kandidaten am besten unter Druck gesetzt werden, nämlich unter Zeitdruck. Getestet wird so nicht nur die Konzentrationsfähigkeit, sondern auch die Ausdauer und Belastbarkeit der Bewerber.

Arbeiten Sie die Aufgaben zügig durch. Innerhalb der einzelnen Aufgaben bzw. Aufgabenblöcke sollten Sie keine Pause einlegen, das bringt Sie aus dem Rhythmus. Die Aufgaben sind meist nicht schwer, aber sie erfordern volle Konzentration. Je aufmerksamer und konzentrierter Sie bei den jeweiligen Aufgaben vorgehen, desto mehr Übungen werden Sie lösen können.

Übung 1

Streichen Sie alle €-Zeichen aus den folgenden Zeichenreihen.

```
£ £ $ £ € £ £ $ £ £ $ £ £ $ £ £ $ £ € £ £ $ £ € £ £ £ £ $ € £ £ £ £ £ £ € £ £ £ $
$ £ £ £ £ £ € £ £ £ £ € £ £ £ £ £ £ £ € £ £ £ £ € £ £ £ £ £ € £ € £ £ £ £ £ £ £ € $ £
£ £ $ € £ £ £ € £ $ £ £ £ £ £ £ € £ £ £ £ £ £ £ £ £ £ £ € £ £ £ $ € € $ € £ £ £ £ € £
£ £ € £ £ £ € £ £ £ £ € £ £ £ £ € £ £ £ £ £ € £ £ £ £ £ £ € £ £ £ $ £ € £ £ $ £
£ £ £ $ £ € £ £ € $ $ € £ € £ £ £ £ $ £ £ £ £ $ £ € £ £ £ $ £ £ $ £ £ £ € £ £ € £
£ £ € £ £ £ € £ $ £ € £ £ € $ € $ € £ £ £ € £ £ $ £ £ £ £ £ £ $ $ £ € £ £ £ $ £ € £ £
$ £ £ £ £ £ $ £ € £ € £ $ € $ € £ £ £ £ £ $ £ € £ € £ £ $ € $ € £ £ € € $ £ € £ £ $ £
```

£ € £ € £ £ £ € £ £ S £ € £ € £ S € S € £ £ S £ € £ € £ S £ £ € £ £ S £ € £
£ S £ € £ £ S € S € £ £ S £ € £ £ S £ £ £ € £ £ S £ € £ £ S £ £ £ € £ S
€ £ S £ £ £ £ £ £ £ S £ S £ £ S £ € £ £ € S € S € £ £ S £ € £ £ S £ £ £ S €
S £ € £ S £ £ £ £ £ S £ £ £ £ £ € £ £ £ £ S £ £ S £ € £ £ € S € S € £ £ £ £
S £ € £ £ S € S € £ £ £ £ £ £ £ S £ € £ £ S £ € £ £ £ S £ € £ £ S £ £ £ £ S £
€ £ € £ S € S € £ £ £ £ £ £ £ £ € £ S € £ £ £ £ £ £ £ S £ £ S £ € £ £ S £ £
S £ £ £ € £ £ £ S € £ £ S £ € £ £ £ S £ £ £ S £ € £ £ £ £ £ S £ € £ £ S £ £ S £
£ £ € £ £ € £ £ £ S £ € £ £ £ £ S £ € £ £ € S £ £ £ £ £ € £ £ S £ € £ £ £ € £
£ £ S £ £ S £ € £ £ £ S € S € £ £ £ £ S £ £ £ £ S £ £ £ £ € £ S £ £ € £ £ £ €
£ £ € £ £ £ £ £ € £ £ S £ € £ £ £ S £ £ S £ £ £ S £ € £ £ £ € £ £ S £ £ £ S £ €
£ £ S £ £ £ £ S € £ £ € £ £ S £ £ £ S € S £ £ £ £ S £ £ £ S £ € £ £ S S £ £ £ S £ £

Übung 2

Welche Rechtschreibweise ist korrekt? Bitte streichen Sie die jeweils falsch ge-
schriebenen Wörter durch.

matriarchalisch	Schwabellig	dilettantisch
mattiarchalisch	schwabelig	dilletantisch
mathriachalisch	schwabbelig	dillettantisch
matriachaisch	schwabblig	dilletanttisch

Übung 3

Welcher Begriff passt nicht in die Wortgruppe?

Bitte streichen Sie den entsprechenden Begriff durch.

a) Motorrad, Moped, Vespa, Auto

b) Buch, Zeitung, Artikel, Zeitschrift

c) Fußball, Eishockey, Tennis, Basketball

d) Airline, Airport, Airbag, Airbus

e) Tomatenketchup, Tomatenmark, Tomatensoße, Tomatensuppe

f) Guyana, Ghana, Paraguay, Bolivien

g) Protestant, Katholik, Demonstrant, Protagonist

Die Lösungen finden Sie am Ende des Kapitels.

10.2 Intelligenztests

Hier steht, wie der Name schon sagt, die Intelligenz, das Denkvermögen, der Verstand der Kandidaten auf dem Prüfstand. Das heißt, ihr logisches und analytisches Denken, ihre räumliche Vorstellungskraft, ihre Abstraktionsfähigkeit, ihr sprachliches Verständnis sowie ihr mathematisches Denkvermögen werden genauer betrachtet. Die Art der zu bewältigenden Aufgaben ist mannigfaltig. Wir stellen Ihnen hier eine kleine Auswahl vor.

Übung 1

Zwei Kinder haben 40 Kastanien gesammelt. In Tims Beutel befinden sich viermal so viele Kastanien wie in Laras Beutel. Wie viele Kastanien hat Lara gesammelt?

a)   12

b)   10

c)   8

d)   6

e)   5

Übung 2

Was ist ein Antonym von vertikal?

a)   aufrecht

b)   senkrecht

c)   waagerecht

d)   lotrecht

Übung 3

Was ist das Doppelte eines Drittels eines Viertels von 1200?

a) 600

b) 400

c) 300

d) 200

e) 100 .

Übung 4

Vervollständigen Sie folgende Zahlenreihen

a) 34   47   60   73   ?

b) 3   4̶   9̶   1̶2   2̶7   36   81   ?

c) 7   17   8   19   11   23   16   ?

10.3   Persönlichkeitstests

Persönlichkeitstests sollen dazu dienen, einen Blick hinter die Fassade der Kandidaten zu werfen, und zwar auf ihren Charakter und ihre persönlichen Einstellungen. Dabei werden den Bewerbern Aussagen vorgelegt, denen Sie zustimmen oder widersprechen sollen. In manchen Fällen müssen Aussagen ergänzt werden.

Prinzipiell sollten Sie die Antworten nach Ihren eigenen Empfindungen beantworten. Achten Sie jedoch darauf, dass Ihre Aussagen nicht mit den Zielsetzungen des Arbeitgebers bzw. der allgemeinen Akzeptanz kollidieren. Am sinnvollsten ist es, sich offen und tolerant, aktiv, hilfsbereit, teamfähig und dergleichen zu zeigen.

Sie müssen nun Farbe bekennen und sagen, ob Sie den jeweiligen Aussagen zustimmen oder nicht:

- Ein Sieg ist mehr wert als ein Kompromiss.
- Die meisten Menschen verhalten sich nur aus Angst vor einer Strafe korrekt.
- Tagträume beflügeln die Kreativität.
- Viele Köche verderben den Brei.
- Bei einer wichtigen Arbeit lasse ich mir Zeit.
- Bei einer wichtigen Arbeit lasse ich mich nur ungern unterbrechen.
- Es macht mir Spaß, mit anderen Menschen zu reden.
- Hat mich ein bestimmtes Produkt überzeugt, bleibe ich diesem treu.
- Obrigkeitstreue bringt einen nicht voran.
- Könnte ich mein Leben noch einmal von vorne beginnen, würde ich vieles anders machen.
- Kleine Lügen, die niemandem schaden, sind erlaubt.

10.4 Testfragen zum Allgemeinwissen

Fragen zum Allgemeinwissen sollen in der Regel das Bild von den Kandidaten abrunden. Meist stammen die Fragen aus den Bereichen Politik, Geschichte, Wirtschaft, Kultur, Geographie oder den Naturwissenschaften. Neben den klassischen Frage-Antwort-Tests können sogenannte Multiple-Choice-Fragen vorkommen.

- Nennen Sie fünf bedeutende Ökonomen.
- Nennen Sie fünf deutsche Philosophen.
- Nennen Sie drei Werke von William Shakespeare.
- Nennen Sie drei Werke von Günter Grass.
- Nennen Sie drei lateinische Sprichwörter und deren deutsche Übersetzung.
- Nennen Sie drei Werke von Richard Wagner.
- Nennen Sie fünf Meilensteine der Geschichte samt Jahreszahl.
- Nennen Sie drei anorganische Säuren.
- Nennen Sie die drei längsten Flüsse Deutschlands.
- Nennen Sie fünf Richtungen in der Malerei der vergangenen zwei Jahrhunderte.

10.5 Fachwissenstests

Tests, die spezielles Fachwissen abfragen, kommen im Rahmen von Assessment Centern nur sehr selten vor. Sie sind meist genau auf die zu besetzende Stelle zugeschnitten und sollen klären, ob Sie fachlich für die Stelle qualifiziert sind.

Die meisten Unternehmen klären allerdings bereits im Vorfeld eines Assessment Centers ab, ob die fachlichen Qualifikationen eines Bewerbers ausreichen, etwa anhand der Ausbildung und Berufserfahrung. Manche Arbeitgeber überprüfen Schlüsselqualifikationen wie Fremdsprachenkenntnisse und Ähnliches in einem Telefoninterview, Onlinetest oder kurzen Vorstellungsgespräch.

> **! ACHTUNG**
>
> Bei den unterschiedlichen Tests stehen Ausdauer, Belastbarkeit und Konzentrationsfähigkeit auf dem Prüfstand. Arbeiten Sie die Aufgaben jeweils zügig und ohne Unterbrechung durch, die Zeit ist knapp.

10.6 Lösungen zu den Tests

Konzentrations- und Leistungstest

Übung 1

Bitte selbst überprüfen!

Übung 2

matriarchalisch	~~schwabellig~~	~~dilletantisch~~
~~mattiarchalisch~~	~~schwabelig~~	dilettantisch
~~mathriachalisch~~	schwabbelig	~~dilettantisch~~
~~matriachaisch~~	~~schwabblig~~	~~dilletantisch~~

Übung 3

a) Motorrad, b) Artikel, c) Tennis, d) Airbag, e) Tomatenmark, f) Ghana, g) Katholik

Intelligenztest

Übung 1: Lösung c

Übung 2: Lösung c

Übung 3: Lösung d

Übung 4: a) 86, b) 108, c) 29

11   Aufsätze

Ähnlich wie Testaufgaben spielen Aufsätze im Assessment Center in der Regel eine eher untergeordnete Rolle. Meist werden auch sie eingesetzt, um den Druck auf die Bewerber während der gesamten Zeit gleichmäßig hoch zu halten. Getestet werden dabei folgende Fähigkeiten:

- Schriftliches Ausdrucksvermögen

- Strukturiertes Denken

- Analytisches Denken

- Argumentationsstärke

- Überzeugungsfähigkeit

- Allgemeinbildung

- Selbsteinschätzung

- Rechtschreibung

- Eventuell Handschrift

Falls Sie sich für eine Stelle im Bereich Marketing, Public Relations oder Journalismus bewerben, zum Beispiel um einen Job in einer Pressestelle, Redaktion oder in der Unternehmenskommunikation, sollten Sie damit rechnen, dass Aufgaben dieser Art einen wichtigen Anteil an der Gesamtbeurteilung ausmachen. Immerhin spielt in diesen Berufsfeldern das schriftliche Ausdrucksvermögen eine wesentliche Rolle. Derartige Aufgaben können dann im Assessment Center vorkommen, müssen es aber nicht.

Unabhängig von Thema und Stellenwert der Aufsätze innerhalb des Assessment Centers sollten Sie diese Aufgabe keinesfalls auf die leichte Schulter nehmen, sondern ebenso gewissenhaft bearbeiten wie alle anderen Übungen. Die Ergebnisse fließen in die Beurteilung mit ein und vervollständigen das Bild Ihrer Fähigkeiten, Sichtweisen, Persönlichkeit sowie Motivation. Eine schlechte Leistung kann bei der Entscheidung für oder gegen Sie den Ausschlag geben.

Aufsätze

Die Themen können auch bei dieser Prüfungsaufgabe weit gestreut sein, infrage kommen

- wirtschaftliche, politische oder gesellschaftliche Themen,

- persönliche Einschätzungen,

- Allgemeinwissen oder

- berufsnahe Themen.

Wird konkret gefragt, welche Fähigkeiten Sie für die Stelle qualifizieren, gleicht das einer kleinen Selbstpräsentation. Dann gehören Ihre berufliche Erfahrung, Ausbildung und Stärken in den Aufsatz. Belegen Sie Ihre Eigenschaften stets mit einem Beispiel und stellen Sie einen Zusammenhang zum Unternehmen bzw. der Stelle her, die zu besetzen ist. Wenn Sie Ihre Selbstpräsentation sorgfältig vorbereitet haben, sind Sie hier definitiv im Vorteil.

11.1   Struktur und Aufbau

Gehen Sie Aufsätze im Rahmen eines Assessment Centers strukturiert an, schreiben Sie nicht munter drauflos. Machen Sie sich vorab ein paar Gedanken zum Thema, führen Sie ein kleines Brainstorming durch. Schreiben Sie alle Punkte auf, die Ihnen zum Thema einfallen. Es empfiehlt sich, nicht alle in den Text aufzunehmen, entscheiden Sie sich für die wichtigsten bzw. aussagekräftigsten Argumente. Bei berufsbezogenen Themen sollten Sie auch darüber nachdenken, warum das Unternehmen ein bestimmtes Thema ausgesucht hat und welche Relevanz es für den Arbeitgeber oder die ausgeschriebene Stelle hat.

Um eine Struktur in den Aufsatz zu bekommen, wählen Sie die wichtigsten Ergebnisse Ihres Brainstormings aus und legen sich auf eine Kernaussage fest. Vergleichen Sie hierzu unsere Empfehlungen für den Aufbau eines mündlichen Vortrags in Kapitel 6.

Der Aufsatz sollte klassisch aus drei Teilen bestehen, der Einleitung, dem Hauptteil und dem Schluss:

- In der Einleitung nennen Sie das Thema, stellen es in einen Zusammenhang und formulieren die Ausgangsfrage, beispielsweise „Teamarbeit bildet heute in vielen Unternehmen die Basis des Erfolgs. Doch wann ist Teamarbeit tatsächlich erfolgreich?".
- Im Hauptteil kommen Sie auf Ihre Argumente und Ihre Kernaussage zu sprechen. Arbeiten Sie alle wichtigen Punkte nacheinander ab, so entsteht kein Chaos im Aufsatz.
- Im Schlussteil fassen Sie Ihren Text noch einmal kurz zusammen. Greifen Sie dafür die Ausgangsfrage auf und beantworten Sie sie. Wenn das Thema es hergibt und Sie sich das zutrauen, können Sie auch einen Ausblick in zukünftige Entwicklungen wagen.

Lehnen Sie sich dabei aber nicht zu weit aus dem Fenster. Eine Zusammenfassung am Ende reicht in den meisten Fällen vollkommen aus, es sei denn, Sie werden ausdrücklich aufgefordert, eine Einschätzung abzugeben.

Bei dieser Übung mag steht Ihr sprachliches Ausdrucksvermögen auf dem Prüfstand. Doch das bedeutet nicht, dass Sie sich verkünsteln sollen. Vermeiden Sie Schachtelsätze oder einen zu komplizierten Satzbau. Das verringert in der Regel die Lesefreundlichkeit des Textes und wirkt sich eher negativ aus. Bilden Sie stattdessen kurze, aussagekräftige und verständliche Sätze.

11.2   Optisches Erscheinungsbild

Ihr Aufsatz muss inhaltlich überzeugen, das ist klar. Allerdings sollte er auch optisch nicht einem Schmierzettel gleichen, den Sie gerade eben von Hand erstellt haben. Sie sollten daher

- leserlich schreiben,
- die Seiten nummerieren,
- ein Deckblatt mit Namen und Thema beifügen,
- einen breiten Rand für Kommentare der Beobachter lassen,
- Absätze und Überschriften einbauen, um die Lesbarkeit zu erhöhen, ggf. auch etwas auflisten und
- nachdenken, bevor Sie einen Satz schreiben, um durchgestrichene Sätze, Satzteile oder Abschnitte zu vermeiden.

▶ BEISPIELE

Aufgabenstellungen wie die folgenden sind vorstellbar:

- Was verstehen Sie unter Teamarbeit?
- Welche Soft Skills muss eine Führungskraft in sich vereinen und warum?
- Was spricht für Sie als Bewerber?
- Warum möchten Sie bei unserem Unternehmen anfangen?
- Folgendes Zitat wird Friedrich von Schiller zugeschrieben. „Wer gar zu viel bedenkt, wird wenig leisten." Inwieweit stimmen Sie Friedrich von Schiller zu?

! ACHTUNG

Wenn Sie mit der Aufgabe konfrontiert werden, einen Aufsatz zu verfassen, achten Sie auf eine sorgfältige Arbeitsweise. Ihr Werk soll inhaltlich, aber auch optisch überzeugen:

- Schreiben Sie nicht wild darauf los. Machen Sie erst ein kurzes Brainstorming und strukturieren Sie den Aufbau Ihres Aufsatzes.
- Vermeiden Sie Schachtelsätze und zu viele Fachtermini.
- Vermeiden Sie Streichungen und schreiben Sie leserlich.

12 Selbst- und Fremdeinschätzung

In manchen Assessment Centern werden Sie gegen Ende der Veranstaltung, zum Beispiel im Interview, oder nach einzelnen Übungen gebeten, Ihre und/oder die Leistung Ihrer Mitbewerber zu bewerten. Die Verlockung ist groß, sich selbst sehr positiv und die anderen Kandidaten in einem schlechten Bild erscheinen zu lassen. Allerdings kommen Sie damit nicht weiter.

Ziel dieser Übung, die im ersten Augenblick vielleicht gar nicht nach einer Assessment-Center-Aufgabe aussieht, ist es, die Selbsteinschätzung und Reflexionsfähigkeit der Kandidaten zu testen. Kann der Teilnehmer sich und sein Verhalten reflektieren bzw. die übrigen Teilnehmer weitgehend objektiv beurteilen? Verherrlicht er seine eigene Leistung? Oder ist er ein Skeptiker, der sich selbst nichts zutraut? Die Aufgabe hat im Assessment Center durchaus ihre Berechtigung, immerhin soll der Bewerber in der Lage sein, später die Leistung anderer Mitarbeiter zuverlässig einzuschätzen oder den Verlauf von Verhandlungen, Meetings oder Konferenzen beurteilen zu können. Aber er muss auch in der Lage sein, seine eigene Leistung und seine Möglichkeiten realistisch einzuschätzen. Die Jury beobachtet bei diesem Teil des Assessment Centers folgende Kompetenzen:

- Selbsteinschätzung

- Reflexionsfähigkeit

- Kritikfähigkeit

- Objektivität

12.1 Selbsteinschätzung

Es ist nicht ratsam, sich selbst über alle Maßen zu loben. Seien Sie aber auch nicht zu zurückhaltend, stellen Sie Ihr Licht nicht unter den Scheffel, denn das lässt Sie selbstzweiflerisch und unsicher erscheinen. Am besten ist es, wenn Sie tatsächlich versuchen, Ihre Ergebnisse weitgehend objektiv zu beurteilen.

Wenn man Sie bittet, Ihre Leistung des gesamten Tages zu bewerten, so beginnen Sie mit den Übungen, die Sie Ihrer Meinung nach am besten absolviert haben, und arbeiten sich Stück für Stück zu den weniger guten vor. Warum? Angesichts des

Zeitdrucks stehen die Chancen gut, dass Sie zu Ihren schlechten Ergebnissen gar nicht erst kommen. Die guten liegen dann aber schon einmal auf dem Tisch. Es wäre ärgerlich, wenn es andersherum wäre.

Sollten dennoch die Aufgaben zur Sprache kommen, bei denen Sie weniger gut abgeschnitten haben, achten Sie darauf, spätestens am Ende auch etwas anzumerken, das Sie aus Ihrer Sicht ganz gut gemacht haben. Ansonsten bleibt der schlechte Eindruck bei den Beobachtern haften. Versuchen Sie daher, während des gesamten Auswahlverfahrens nach jeder Übung kurz zu reflektieren, was Sie gut gemacht haben, anstatt sich nur über die eigenen Fehler zu ärgern.

12.2 Fremdeinschätzung

Bei der Fremdeinschätzung sollen Sie tatsächlich die anderen Kandidaten bewerten, und zwar ganz konkret im Hinblick auf eine Übung. War der Kandidat überzeugend? War er ein guter Teamplayer, Vorgesetzter und so weiter? Manchmal geht es auch darum, dass Sie die übrigen Bewerber in eine sogenannte Ranking-Liste einordnen. Wer hat bei dieser Übung am besten abschnitten, wer belegt den zweiten Platz? Welchen Platz belegen Sie, wer war der schlechteste Kandidat? Die Fragen fallen zu Beginn der Aufgabe meist noch harmlos aus, steigern sich dann aber kontinuierlich.

▶ BEISPIELE

- Wie haben Sie die Stimmung während der Diskussion empfunden?
- Haben Sie sich während der Präsentation wohlgefühlt?
- Was haben Sie vermisst?
- Was hätte besser sein können?
- Was hätten Sie besser machen können?
- Welcher Kandidat hat Sie überzeugt?
- Welcher Kandidat hat Ihrer Meinung nach die beste Figur gemacht? Welcher Kandidat die schlechteste?
- Von welchem Kandidaten würden Sie einen Gebrauchtwagen kaufen?
- Würden Sie von Bewerber A ein Auto kaufen?
- Welchem Kandidaten würden Sie in einer Extremsituation vertrauen, zum Beispiel bei einer gefährlichen Bergwanderung?
- Mit welchem Kandidaten würden Sie in eine Wohngemeinschaft ziehen?
- Welchen Kandidaten würden Sie für die Besetzung der Stelle auswählen? Und warum?

Selbst- und Fremdeinschätzungen werden von den Beobachtern häufig genutzt, um den über den Tag gewonnenen Eindruck von den einzelnen Kandidaten noch einmal zu verifizieren, ggf. auch zu überdenken und zu ändern.

! **ACHTUNG**

Bei der Fremd- und Selbsteinschätzung wird vorrangig Ihre Reflexionsfähigkeit geprüft. Achten Sie dabei auf folgende Aspekte:

- Seien Sie bei Ihrer Selbst- und Fremdeinschätzung weitgehend objektiv.
- Färben Sie Ihre Leistung nicht unglaubwürdig schön, stellen Sie Ihr Licht aber auch nicht unter den Scheffel.
- Beurteilen Sie die anderen Teilnehmer möglichst objektiv, Sie schaden sich sonst selbst am meisten.

13 Interview

Das Interview bei einem Assessment Center lehnt sich an ein klassisches Vorstellungsgespräch an und wird meist von Personalentscheidern oder leitenden Angestellten des Unternehmens geführt. In der Regel ist das Interview eine der letzten Stationen im Auswahlverfahren. Der Arbeitgeber möchte in Erfahrung bringen, ob sich die von Ihnen erbrachten Leistungen und Ergebnisse während des Assessment Centers auch im persönlichen Gespräch widerspiegeln. Dabei stehen folgende Kompetenzen auf dem Prüfstand:

- Selbsteinschätzung

- Leistungsmotivation

- Kommunikationsfähigkeit

- Sprachliches Ausdrucksvermögen

- Auftreten, Ausstrahlung, Ausdrucksvermögen

- Kritikfähigkeit

Das Interview läuft in der Regel ab wie ein Frage-Antwort-Spiel. Ihr Gegenüber fragt und Sie antworten. Allerdings erhalten Sie zu Anfang oder am Ende des Gesprächs meist selbst die Möglichkeit, ein paar Fragen zu stellen. Diese Gelegenheit sollten Sie nicht auslassen.

> **TIPP**
>
> Sie sollten nicht nur Ihre Antworten für das Interview vorbereiten, sondern sich auch überlegen, welche Fragen Sie anbringen können. Am besten sind ein bis zwei Fragen zum Unternehmen oder zur ausgeschriebenen Stelle. Sie können sich nach Fortbildungsmaßnahmen erkundigen oder danach, wie sich eine Karriere im Unternehmen in der Regel entwickelt.

Bei vielen Unternehmen wird das Interview von Personalentscheidern geführt; die betreffende Person entscheidet dann oft auch, ob ein Bewerber ein Angebot erhält oder nicht. Ihm liegen in der Regel die gesamten Ergebnisse der Leistungen im Assessment Center sowie eine entsprechende Entscheidungsempfehlung, zumindest aber eine Leistungsbeurteilung vor.

Im Interview noch einmal eine komplette Kehrtwende zu bewirken, wenn man sich in den Übungen zuvor nicht behaupten konnte, ist daher sehr schwer. Doch kommt es schon einmal vor, dass sich ein Kandidat mit einem schlechten Interview auf der Zielgeraden doch noch ins Abseits manövriert.

TIPP

Das Interview ist nicht zu unterschätzen und sollte gut vorbereitet werden. Jeder Interviewpartner legt seine Schwerpunkte zwar anders, dennoch können Sie sich vorab Gedanken darüber machen, welche Antworten Sie auf gängige Fragen geben wollen.

13.1   Stärken-Schwächen-Analyse

In nahezu jedem Interview wird man Sie nach Ihren Stärken und Schwächen fragen. Auch wenn es auf den ersten Blick nicht förderlich erscheinen mag, die eigenen Schwächen preiszugeben, so wird dies doch von Ihnen erwartet. Jeder Mensch hat Schwächen und nur wer in der Lage ist, die eigenen Schwächen und Schwachstellen zu erkennen, kann entsprechend damit umgehen.

Wenn Sie eine Ihrer Schwächen nennen, binden Sie diese am besten in ein Beispiel ein. Vermeiden Sie dabei verstärkende Wörter wie sehr oder besonders. Die Schwäche an sich genügt schon, Sie müssen sie nicht noch betonen. Versuchen Sie stattdessen, diese Eigenschaft zu relativieren, beispielsweise mit den Wörtern „manchmal" oder „ein wenig". Am besten ist es natürlich, wenn es Ihnen gelingt, Ihre Schwäche am Ende positiv aussehen zu lassen.

Für den Fall der Fälle sollten Sie zwei Schwächen auswählen und vorbereiten, die zweite sollten Sie allerdings nur auf ausdrückliche Nachfrage nennen. Schwächen, die durchaus etwas Positives in sich bergen können:

- „Ich bin manchmal zu neugierig. Ich möchte alles ganz genau wissen, bis ins kleinste Detail."
- „Ich bin manchmal ungeduldig. Ich kann es nicht leiden, wenn sich etwas unnötig in die Länge zieht oder jemand bei einer wichtigen Sache trödelt."
- „Ich bin vielleicht etwas zu kompromissbereit. Ich gehe manchmal zu schnell auf Kompromisse ein, nur um eine Sache nicht ganz scheitern zu lassen."

Nennen Sie Ihre eigenen Schwächen und greifen Sie nicht einfach auf eine der oben genannten zurück. Das würde wenig authentisch wirken, denn viele Personalentscheider kennen diese Beispiele und die dazugehörige Relativierung bereits.

Auf der anderen Seite sollten Sie natürlich auch Ihre Stärken benennen können. Achten Sie darauf, dass diese eine berufliche Komponente haben, wie es zum Beispiel bei den folgenden der Fall ist:

- Verantwortungsbewusstsein
- Durchsetzungsvermögen
- Kontaktstärke
- Ausdauer, Belastbarkeit
- Teamfähigkeit
- Entscheidungsfreude
- Leistungsbereitschaft
- Analytisches Denken
- Kreativität
- Engagement
- Aufgeschlossenheit
- Einfühlungsvermögen

Ihre Stärken sollten Sie ebenfalls in ein Beispiel einbinden, am besten in eines aus dem beruflichen Kontext, das sich auch anhand Ihres Lebenslaufs nachvollziehen lässt. Von Qualitäten im Bereich Mitarbeiterführung oder Mitarbeitermotivation zu sprechen, wenn Sie noch gar keine Personalverantwortung getragen haben oder Berufsanfänger sind, überzeugt nicht. Es gilt: Ihre Stärken sollten authentisch sein, ansonsten lassen sie sich nur schwer vermitteln.

13.2 Leistungsmotivation

Ihr potenzieller neuer Arbeitgeber ist natürlich daran interessiert, einen motivierten und leistungsbereiten Mitarbeiter einzustellen und wird Sie dazu im Interview befragen. Stellen Sie sich zur Vorbereitung folgende (karriereorientierten) Fragen:

- Was treibt Sie an?
- Wo wollen Sie hin?
- Was wollen Sie erreichen und warum?
- Wie wollen Sie Ihre Ziele erreichen?

Interview

Nur ein Mitarbeiter, der weiß was er will und eine Vorstellung davon hat, wie er dies erreichen kann, erweckt den Eindruck, eine Führungspersönlichkeit zu sein oder einmal eine zu werden. Ein Na-ja-schauen-wir-mal-Mitarbeiter ist wenig verheißungsvoll. Machen Sie sich Gedanken über Ihre Ziele, Ihre Motivation und Ihre Zukunft und achten Sie darauf, dass Sie dies im Interview auch überzeugend vermitteln. Auswendig gelernte Antworten bringen Sie nicht weiter, zumal Sie dann nur schwer auf Zwischenfragen reagieren können.

13.3 Sprachliches Ausdrucksvermögen

In ihren Antworten spiegelt sich natürlich auch Ihr sprachliches Ausdrucksvermögen wider. Können Sie klar und verständlich formulieren? Können Sie Ihre Gedanken in der Kürze der Zeit sammeln, ordnen, aufbereiten und entsprechend vermitteln? Kann man Ihren Ausführungen folgen, verheddern Sie sich in Schachtelsätzen oder verlieren gar den Faden? Auch das sind Kriterien, nach denen Sie im Interview bewertet werden.

13.4 Körpersprache

Achten Sie während des Interviews auf Ihre Körpersprache, denn damit sagen Sie nahezu genauso viel aus wie mit Ihren Antworten. Sie können nicht behaupten, ein aufgeschlossener Mensch zu sein, der sich gerne an neue Aufgaben und Herausforderungen heranwagt, wenn Sie mit verschränkten Armen oder einem ängstlichen Gesichtsausdruck Ihrem Interviewpartner gegenübersitzen. Genauso wenig überzeugt es, wenn Sie sich als ruhigen und besonnen Menschen darstellen, dessen Stärke es ist, rational an die Lösung von Problemen heranzugehen, und dabei nervös auf dem Stuhl herumrutschen, intensiv gestikulieren oder aufbrausend auf provokante Fragen reagieren.

Versuchen Sie, im Interview nicht negativ durch Ihre Körpersprache aufzufallen. Achten Sie auf Folgendes:

- Sitzen Sie locker und entspannt, aber aufrecht da.
- Verschränken Sie Arme und Beine nicht.
- Rutschen Sie nicht auf dem Stuhl herum.
- Wippen Sie nicht.

- Gestikulieren Sie nicht zu intensiv.
- Runzeln Sie bei Fragen nicht die Stirn und reagieren Sie auch nicht mit anderer negativer Mimik.
- Wenden Sie sich Ihrem Gesprächspartner zu und schauen Sie nicht auf den Boden oder aus dem Fenster.
- Sehen Sie Ihren Interviewpartner an, wenn er mit Ihnen spricht oder Ihnen eine Frage stellt.
- Schenken Sie allen Interviewpartnern Ihre Aufmerksamkeit. Schauen Sie sie abwechselnd immer wieder an. Das gilt vor allem für diejenigen, die gar nicht mit Ihnen sprechen, sondern nur zuhören. Sie sollten sich auf keinen Fall ausgeschlossen oder ignoriert fühlen.
- Nicken Sie, wenn Fragen gestellt werden, es sei denn Sie haben etwas nicht verstanden.
- Trommeln Sie nicht nervös mit Händen oder Füßen.
- Halten Sie nicht die Hand vor den Mund, während Sie sprechen. Das wirkt nicht nur unhöflich, Sie werden möglicherweise auch schlecht oder gar nicht verstanden.
- Kauen Sie nicht an den Fingernägeln und spielen Sie nicht mit Ihren Haaren.
- Lächeln Sie ab und zu. Das entspannt die Situation und Ihre Gesichtsmuskeln.

TIPP

Überlegen Sie, woran man bei Ihnen erkennt, dass Sie nervös sind. Nehmen Sie die Hand in den Nacken? Fassen Sie sich ständig ans Ohr? Kratzen Sie sich am Kopf? Kauen Sie an den Fingernägeln oder Ihren Lippen? Wenn Sie es nicht genau wissen, fragen Sie Freunde und Bekannte. Versuchen Sie im Interview daran zu denken, diese Gesten zu unterdrücken.

Ihre Körpersprache drückt sich nicht nur durch ihr körperliches Verhalten aus, sondern auch durch das Sprechen selbst — Tonfall, Geschwindigkeit und Lautstärke. Achten Sie darauf, dass Sie langsam und deutlich sprechen, dann verhaspeln Sie sich nicht und haben beim Sprechen etwas mehr Zeit zum Nachdenken. Zudem wirken Sie (selbst)sicherer, souveräner und der Situation gewachsen.

ACHTUNG

Sollten Sie sich Ihrem Gegenüber aus welchen Gründen auch immer überlegen fühlen, lassen Sie ihn das auf gar keinen Fall spüren. Halten Sie sich mit überheblichen oder abschätzigen Bemerkungen unbedingt zurück, denn die kommen nie gut an.

13.5 Welche Fragen erwarten Sie im Interview?

Die Fragen im Interview werden nicht immer wieder neu erfunden, sie werden nur anders formuliert oder haben einen anderen Schwerpunkt. Zur Vorbereitung ist es daher sinnvoll, ein paar Antworten für sich selbst auszuformulieren. Dies sollte immer mündlich geschehen; notieren Sie sich nur die wichtigsten Schlagwörter.

Achten Sie darauf, dass Sie die Fragen sachlich, nüchtern und präzise beantworten. Ausschweifungen sind nicht gefragt, denn dann entsteht der Eindruck, Sie könnten nicht auf den Punkt kommen oder würden um den heißen Brei herumreden, weil Sie eigentlich nicht wissen, was Sie sagen sollen.

An dieser Stelle finden Sie einige Fragen, mit denen Sie im Interview rechnen sollten.

Zu Lebenslauf und Karriere

- Würden Sie kurz Ihren beruflichen Werdegang wiedergeben?
- Was hat Sie dazu bewogen, XY zu studieren?
- Was war der größte Lernerfolg während Ihrer Ausbildung? Was würden Sie bei der Wahl Ihres Ausbildungswegs aus heutiger Sicht anders machen?
- Wie beurteilen Sie Ihren bisherigen Werdegang?
- Warum haben Sie sich seinerzeit für Ihren jetzigen Arbeitgeber entschieden und welche Alternativen hatten Sie?
- Was würden Sie sagen: An welchem Punkt Ihrer Karriere befinden Sie sich derzeit? Und wie planen Sie Ihre weitere Karriereentwicklung?
- Welche Entwicklungsperspektiven bietet Ihr derzeitiger Job? Welche Perspektiven erwarten/erhoffen Sie sich bei uns?
- Warum möchten Sie jetzt wechseln? Und warum ist unser Unternehmen für Sie interessant?
- Warum bewerben Sie sich um diese Stelle? Welche Erwartungen haben Sie an diese Stelle?
- Welche Erfahrungen haben Sie im Ausland sammeln können?

Zu Projekterfahrung

- Welche Projekterfahrung haben Sie?
- Was war das bislang größte Projekt, in dem Sie mitgearbeitet haben? Welchen Beitrag haben Sie dabei geleistet, welche Verantwortung trugen Sie?
- Haben Sie schon einmal ein Projekt geleitet? Wenn ja, bitte beschreiben Sie das Projekt kurz. (Hier wird vor allem nach den Zielen des Projekts, der Anzahl der Projekt-/Teammitglieder, der Budgetgröße und -verantwortung, der Dauer und den kritischen Erfolgsfaktoren gefragt.)
- Welche Skills bzw. Kenntnisse waren für dieses Projekt besonders wichtig? Welche Ihrer Skills waren hilfreich?

Zu Teamerfahrung

- Haben Sie Teamerfahrung? Haben Sie bereits ein Team geführt? Wenn ja, wie viele Mitglieder hatte Ihr größtes Team?
- Welche positiven und negativen Erfahrungen haben Sie persönlich in Teams gemacht?
- Wo sehen Sie die Vor- und Nachteile von Teamarbeit? Was gefällt Ihnen daran, im Team zu arbeiten, und was gefällt Ihnen weniger?
- Von welchen Faktoren hängt Ihrer Meinung nach eine erfolgreiche Zusammenarbeit im Team ab?
- Was verstehen Sie unter Mitarbeitermotivation?
- Welche schwierigen Situationen und Rückschläge haben Sie im Bereich Teamarbeit erlebt und wie haben Sie diese gemeistert?
- Wie sieht Ihrer Meinung nach ein Arbeitsklima aus, das Effizienz begünstigt?

Zu Soft Skills

- Wie teilen Sie Mitarbeitern und Vorgesetzten Kritik mit?
- Warum wollen Sie Führungsverantwortung übernehmen? Bitte beschreiben Sie Ihren Führungsstil.
- Wo sehen Sie Ihre Führungsqualitäten und wie konnten Sie diese bislang unter Beweis stellen? Nennen Sie hierzu ein Beispiel.
- Wo sehen Sie Ihre Stärken und Schwächen?
- Wie werden Sie von Mitarbeitern und Vorgesetzten gesehen?
- Welche Art von Aufgaben lassen sich Ihrer Meinung nach nicht delegieren?
- Wie setzen Sie Ihre Ziele durch?
- Wie motivieren Sie sich? Wie motivieren Sie Mitarbeiter? Was sind Ihrer Meinung nach die sensibelsten Bereiche bei der Mitarbeiterführung?

13.5.1 Lücken und Schwachstellen

Wenn sich in Ihrem Lebenslauf Lücken oder Schwachstellen finden, sollten Sie darauf vorbereitet sein, dass dies angesprochen wird. Entschuldigen Sie sich nicht dafür, sondern stehen Sie dazu. Gehen Sie offensiv mit den Unstimmigkeiten um, erklären Sie ggf., warum Sie welche Entscheidungen getroffen haben oder wie die jeweiligen Situationen entstanden sind.

Seien Sie nicht überrascht, wenn Ihr Gesprächspartner einige Fragen negativ oder provokant formuliert. Damit wird getestet, ob Sie leicht aus der Ruhe zu bringen sind oder schnell aggressiv reagieren.

▶ **BEISPIELE**

- Was spricht gegen Sie als Kandidat?
- Was würden Sie als Ihren bislang schmerzlichsten Misserfolg in Ihrer beruflichen Karriere bezeichnen?
- Was würden Sie an sich ändern?
- Wo sehen Sie Ihre Schwächen und Defizite?
- Was bringt Sie aus der Fassung?
- Welche Eigenschaften mögen Sie an sich nicht?
- Welche Eigenschaften mögen Sie an Ihren Mitarbeitern oder Vorgesetzten nicht?
- Welche Ihrer Eigenschaften würden Sie gerne ändern? Haben Sie das bislang versucht? Mit welchem Erfolg?

Beantworten Sie möglichst viele dieser Fragen vorab schon einmal, am besten natürlich alle; dann sind Sie gut vorbereitet.

● **TIPP**

Notieren Sie Ihre Antworten stichwortartig und formulieren Sie sie mehrfach mündlich und frei aus. Dadurch werden Sie sicherer. Werden schriftlich formulierte Antworten wiedergegeben, hört sich das Gesagte auswendig gelernt an und bei Zwischenfragen besteht nur wenig Spielraum. Wenn Sie hingegen Ihre Stichwörter im Kopf und die Formulierungen frei geübt haben, können Sie schneller wieder zu Ihrer Argumentationslinie zurückfinden.

13.5.2 Vermutungen und (fingierte) Vorwürfe

Eine weitere beliebte Form der Befragung: Die Kandidaten werden mit Vermutungen, Vorwürfen oder persönlichen Angriffen bezüglich (möglicher oder vermeintlicher) Schwächen provoziert. Ihr Interviewpartner vermittelt dabei, dass er aus Ihren Leistungen bei den vorangegangenen Übungsaufgaben, aus Ihrem Lebenslauf oder aus dem persönlichen Gespräch auf diese Eigenschaften schließen könne.

Aussagen dieser Art sollten Sie auf jeden Fall entschärfen oder ins Positive wandeln. Dass es sich um Provokationen handelt, erkennen Sie an der Formulierung. Nehmen Sie diese Fragen nicht persönlich, sie sind lediglich ein Prüfungsinstrument.

▶ **BEISPIELE**

- Sie scheinen mit Kritik nicht sonderlich gut umgehen zu können!
- Ausdauer gehört wohl nicht zu Ihren Stärken!
- Problemen gehen Sie ja lieber aus dem Weg!
- Sie verhalten sich Mitarbeitern gegenüber schon sehr herablassend und überheblich!
- Sie nehmen es mit Zeitvorgaben und Terminen aber nicht so genau!
- Mit Vorgesetzten kommen Sie eher schlecht aus.
- Sie scheinen nicht sonderlich zielstrebig zu sein!

13.5.3 Fragen nach Ihrer Gesundheit

Grundsätzlich gilt: Der Arbeitgeber darf Fragen nach der Gesundheit nur dann stellen, wenn die Antworten unmittelbar mit der ausgeschriebenen Stelle zu tun haben bzw. mit einer dauerhaften Beeinträchtigung zu rechnen ist. Das gilt etwa, wenn der Bewerber bereits zum Zeitpunkt des Assessment Centers weiß, dass er zu Beginn des Arbeitsverhältnisses oder unmittelbar danach arbeitsunfähig sein wird, beispielsweise wegen einer Operation, eines Kur- oder Rehabilitationsaufenthalts. Auch bei einigen ansteckenden Krankheiten muss der Bewerber Fragen nach dem Gesundheitszustand wahrheitsgemäß beantworten, etwa bei einer HIV-Infektion in gewissen Gesundheitsberufen.

14   Das Telefoninterview

Immer mehr Unternehmen führen mit Bewerbern als Erstes ein Telefoninterview. So sparen sie nicht nur Reise- und Personalkosten, sondern können auch eine schnelle Vorauswahl treffen und sich einen ersten, sehr aussagekräftigen Eindruck von den Kandidaten verschaffen. Nehmen Sie diesen Teil des Bewerbungsverfahrens nicht auf die leichte Schulter, der Interviewer tut es auch nicht. Für die meisten Arbeitgeber hat solch ein Telefonat im Auswahlverfahren den Stellenwert eines Vorstellungsgesprächs. Daher führen in vielen Fällen — besonders bei Bewerbern mit Berufserfahrung — auch nicht die Personaler des Unternehmens die Interviews, sondern entsprechende Vorgesetzte, also möglicherweise Ihr künftiger Chef.

Für ein Vorab-Telefonat setzen die Unternehmen in der Regel eine Stunde an, es kann aber auch länger dauern. Sie sollten sich also gut vorbereiten. Lassen Sie sich nicht auf ein spontanes Gespräch hier und jetzt ein, sondern vereinbaren Sie besser einen konkreten Termin. Nehmen Sie sich dann für das Gespräch Zeit und ziehen Sie sich an einen ruhigen Ort zurück.

Inzwischen haben viele Unternehmen ihre Telefoninterviews vereinheitlicht, manche haben sogar einen standardisierten, vorgegebenen Fragenkatalog entwickelt. Die Antworten der Kandidaten werden festgehalten und bewertet. Es handelt sich hierbei nicht um ein lockeres Plauderstündchen — im Gegenteil: Die Unternehmen wollen abklären, ob der Bewerber die notwendigen Voraussetzungen für die Stelle mitbringt. Sie wollen grundlegende Kompetenzen und Fragen überprüfen:

- Fachkenntnisse, Know-how

- Soft Skills

! ACHTUNG

An dieser Stelle wollen viele Interviewer, dass Sie konkrete Beispiele anführen, wann und wie Sie Ihr Durchsetzungsvermögen, Ihre Entscheidungsfähigkeit oder Ihr unternehmerisches Denken und Handeln erfolgreich unter Beweis stellen konnten.

- Teamerfahrung und Teamverantwortung

- Projekterfahrung und Projektverantwortung

> **! ACHTUNG**
>
> Meist wird nach einem Beispiel für eine Problemsituation gefragt und danach, wie Sie mit ihr umgegangen sind.

- Derzeitige Position, Aufgaben und Verantwortung

- Sprachkenntnisse, oft wird ein Teil des Interviews dann in einer Fremdsprache geführt

- IT-Kenntnisse

- Karriereentwicklung

- Mobilität, Reisebereitschaft

- Einstiegskriterien

- Gehaltsvorstellung

- Kündigungsfristen

- Offene Fragen im Lebenslauf

Eventuell wird auch Ihr Wissen über das Unternehmen sowie Branche, Marktsituation und Konkurrenz getestet. In manchen Fällen wird schon im Telefoninterview eine Fragestellung in diese Richtung eingebaut, zum Beispiel „Welche Grundsteine muss man Ihrer Meinung nach jetzt für die Zukunft setzen?".

Überlegen Sie sich vorab, welche Aufgaben Sie im Unternehmen übernehmen wollen und wie Sie Ihre Rolle definieren würden. Dies ist meist nur dann notwendig, wenn Sie sich initiativ beworben haben. Geht es um eine konkrete Stelle, machen Sie sich Gedanken darüber, wie Sie diese Position ausfüllen.

Bereiten Sie sich zudem auf die Fragen vor, die üblicherweise in einem Vorstellungsgespräch gestellt werden, Beispiel hierzu finden Sie in Kapitel 13.

Auch im Telefoninterview kann es Ihnen passieren, dass Sie mit einem Business Case konfrontiert werden. Vor allem bei Fragen rund um das Thema Projekterfahrung nutzen die Interviewer gerne die Möglichkeit, die Kandidaten mit einem realen Projektbeispiel zu konfrontieren, um seine Skills zu überprüfen.

Die Schwierigkeit beim Telefoninterview liegt darin, dass Sie Ihrem Gesprächspartner nicht gegenüber sitzen, seine Reaktionen auf Ihre Antworten nicht sehen. Sie hingegen müssen inhaltlich und mit Ihrer sprachlichen Ausdruckskraft überzeugen und können nicht mit Ihrer Körpersprache agieren und punkten.

14.1   Nach dem Interview

Unabhängig davon, ob Sie die Stelle angeboten bekommen oder nicht, ist es empfehlenswert, sich nach dem Interview einige Notizen zu machen und das Gespräch zu analysieren. Abgesehen davon, dass im Lauf Ihrer zukünftigen beruflichen Weiterentwicklung sicher wieder einmal ein Interview im Rahmen eines Assessment Centers anstehen wird, können Sie eine Menge über sich lernen.

!   ACHTUNG

Das Interview bildet meist den Abschluss des Assessment Centers. Dabei werden in der Regel Fragen zu den Bereichen Lebenslauf, soziale Kompetenz, berufliche Erfahrung, berufliche Ziele und Leistungsmotivation gestellt. Folgende Regeln gelten hier:

- Achten Sie auf Ihre Körpersprache.
- Bereiten Sie sich auf die Schwächen-Stärken-Analyse vor.
- Bleiben Sie ruhig, auch wenn man Sie provozieren möchte.
- Bereiten Sie mindestens ein bis zwei Fragen vor, die Sie wiederum Ihrem Interviewpartner stellen können.

15   Online-Assessment

Das Online-Assessment ist in den meisten Fällen eine Vorstufe des eigentlichen Assessment Centers. Die Unternehmen setzen es ein, um bereits eine Vorauswahl treffen zu können. Das gilt in der Regel nur für Hochschulabsolventen und sogenannte Young Professionals, Führungskräften bleibt diese Prüfung meist erspart. Bei einem Online-Assessment werden folgende Kompetenzen getestet:

- Konzentrationsfähigkeit

- Leistungsmotivation

- Belastbarkeit, Ausdauer

- Intelligenz

- Logisches Denken

- Analytisches Denken

- Allgemeinwissen

- Persönliche Eigenschaften

- Kritikfähigkeit

Gewöhnlich bewerben sich die Kandidaten auch online bei einem Unternehmen, dabei schicken Sie Anschreiben, Lebenslauf, Zeugnisse etc. elektronisch an das Unternehmen bzw. laden es über dessen Homepage hoch. Bei entsprechender Eignung werden die Kandidaten zu einem Online-Assessment eingeladen.

15.1   Ablauf eines Online-Assessments

In der Regel erwartet den Bewerber bei Online-Assessments eine Art Frage-und-Antwort-Spiel, eine Mischung aus Leistungs-, Konzentrations-, Intelligenz- und Persönlichkeitstests. Außerdem können spezielle Wissensfragen aus den jeweils relevanten Fachgebieten auftauchen. Die Prüfungszeit beläuft sich meist auf 60 bis 90 Minuten, sie kann bei komplexen Assessments auch länger dauern.

Einige wenige Unternehmen haben das Online-Assessment weiter ausgebaut und präsentieren den Bewerbern ein breiteres Spektrum an Aufgaben, etwa eine Art Postkorbübung oder eine Projektsimulation. Derartige Verfahren sind allerdings noch in den Kinderschuhen und deshalb nicht allzu weit verbreitet.

Für gewöhnlich absolvieren die Kandidaten das Online-Assessment vom heimischen Computer aus. Sie wählen sich mit Zugangsdaten übers Internet in das entsprechende Portal ein. Wenn Sie zu einem Online-Assessment eingeladen bzw. aufgefordert werden, sollten Sie dies ernst nehmen und sich für die Bearbeitung Zeit lassen und das Ganze in Ruhe erledigen. Sorgen Sie dafür, dass Sie sich zurückziehen können und wohlfühlen. Achten Sie zudem darauf, dass Sie nicht gestört werden, hängen Sie ggf. ein Schild mit der Aufschrift „Nicht stören!" an die Tür. Die meisten Online-Assessments fordern volle Aufmerksamkeit und Konzentration.

15.2 Kein Ersatz für das „Live"-Assessment-Center

Ein Online-Assessment ersetzt das eigentliche Assessment Center nicht. Die Kandidaten, die sich online bewiesen haben, erhalten eine Einladung für ein Assessment Center oder ein ähnliches Auswahlverfahren vor Ort. Schließlich wollen die Unternehmen geeignete Kandidaten persönlich kennen lernen. Was hinzukommt: Es ist nicht gesagt, dass die Person, die sich um die Stelle bewirbt, auch tatsächlich selbst das Online-Assessment durchführt. Das ist zugleich einer der größten Kritikpunkte bei diesem Verfahren.

Das Online-Assessment steckt zwar noch in den Anfängen, findet aber bei vielen Unternehmen immer mehr Zuspruch. Unter anderem, weil es mittel- und langfristig besonders kostengünstig ist. Es fallen weder Spesen (Unterbringung und Reisekosten) noch hohe Personalkosten für die Beobachter an.

15.3 Online-Assessment als Marketingstrategie

Das Online-Assessment dient nicht immer nur dazu, Mitarbeiter aktiv aus dem Pool der Bewerber auszuwählen. Manche Unternehmen nutzen dieses Tool auch, um sich potenziellen Bewerbern zu präsentieren und ihnen einen Einblick in das Unternehmen zu gewähren. Eine verbindliche Anmeldung oder aufwendige Bewerbung ist in diesen Fällen meist nicht notwendig. Das Online-Assessment wird von den

Unternehmen dann eher als Marketinginstrument eingesetzt, es kann aber auch als Einstufungs- und Orientierungshilfe für die Bewerber dienen:

- Gefällt mir das Unternehmen?
- Passe ich zum Unternehmen?
- Wo stehe ich im Vergleich zu anderen Bewerbern?
- Wo sind meine Stärken, wo meine Schwächen?

! ACHTUNG

Das Online-Assessment dient in der Regel zur Vorauswahl bzw. als Vorstufe für das eigentliche Assessment Center. In der Regel werden Fragen aus verschiedenen Bereichen gestellt und verschiedene Tests durchgeführt. Besonders zu beachten:

- Nehmen Sie sich für die Bearbeitung Zeit und sorgen Sie dafür, dass Sie nicht gestört werden.
- Nehmen Sie das Online-Assessment ernst und konzentrieren Sie sich voll und ganz darauf.

16 Am Ende des Assessment Centers und danach

Nach Ablauf der eigentlichen Aufgaben und Tests eines Assessment Centers wird den Bewerbern meist noch am selben Tag mitgeteilt, ob das Unternehmen dem Teilnehmer ein Angebot macht oder nicht. Dies findet meist in sogenannten Feedback-Gesprächen statt.

16.1 Feedbackgespräche

Zusätzlich zur Zu- oder Absage des Unternehmens werden Feedbackgespräche dazu genutzt, den Kandidaten mitzuteilen, welchen Eindruck Sie bei den Assessoren hinterlassen haben. Sie erhalten dadurch nicht nur eine Einschätzung Ihrer Leistung und ein Feedback darüber, wie Sie auf andere wirken, sondern erfahren zudem aus erster Hand, worauf die Beobachter geachtet und Wert gelegt haben.

Nutzen Sie darüber hinaus die Chance, Fragen zu stellen, selbst wenn Sie dazu nicht speziell aufgefordert werden. Erkundigen Sie sich ggf. danach, warum Sie die Stelle nicht bekommen haben, was Sie ändern und woran Sie arbeiten sollten, falls dies aus dem allgemeinen Feedbackgespräch für Sie nicht klar erkennbar geworden ist. In Bezug auf Ihr nächstes Assessment Center können Ihnen diese Informationen nur helfen, auch wenn es unangenehm ist, kritisiert zu werden.

> **! ACHTUNG**
>
> Nerven Sie während des Tages nicht mit Fragen nach Ihrer bisherigen Performance. Zum einen wollen die Beobachter kein Zwischenfeedback geben, zum anderen können sie es auch nicht, weil sich die Bewertung aus vielen verschiedenen Faktoren und aus Bewertungen unterschiedlicher Personen zusammensetzt. Und Sie laufen Gefahr, als jemand zu gelten, der sich einen Vorteil erschleichen möchte. Es wäre den anderen Bewerbern gegenüber ungerecht, einzelnen Kandidaten Feedback zu geben, es bestünde keine Chancengleichheit mehr. Warten Sie deshalb bis zum Ende des Assessment Centers.

16.2 Nacharbeiten

Machen Sie sich möglichst unmittelbar nach dem Assessment Center Notizen über Ihre ganz persönlichen Eindrücke, Erfahrungen und die Einschätzung der Beobachter. Es lohnt sich immer, dies alles niederzuschreiben und zu sammeln. Das gilt nicht nur dann, wenn Sie einen Job nicht bekommen haben. Das nächste Assessment Center kommt bestimmt, denn in der Regel wechseln Arbeitnehmer den Arbeitsplatz alle zwei bis vier Jahre.

Die folgenden Fragen sind hilfreich, wenn Sie Erfahrungen aus einem Assessment Center aufarbeiten wollen:

- Welche Aufgabenstellungen mussten bewältigt werden? Notieren Sie sich die Aufgaben und Fragestellungen. Arbeiten Sie diese zu Hause noch einmal nach.
- Wie habe ich auf die Beobachter gewirkt?
- Wo kam ich gut an? Wo kam ich weniger gut an?
- Wo hatte ich Schwächen? Und warum?
- Welche Aufgaben fielen mir schwer? Welche leicht?
- Auf welche Aufgaben war ich nicht vorbereitet?
- Was kann ich besser machen?
- Was haben andere Kandidaten gut oder gar besser gemacht als ich?

17 Konkrete Vorbereitungen fürs Assessment Center

Sie haben sich intensiv auf die Inhalte und Übungen eines Assessment Centers vorbereitet, nun fallen zum Schluss noch ein paar ganz konkrete Vorbereitungen an. Welche das sind, hängt vom Unternehmen ab, das Sie zu diesem Verfahren eingeladen hat. Nehmen Sie sich dafür etwas Zeit und beginnen Sie nicht erst am Vorabend des Assessment Centers.

17.1 Informationen sammeln

Es mag so wirken, als ob sich Teilnehmer von Assessment Centern nur ganz allgemein und wenig inhaltlich auf das Auswahlverfahren vorbereiten können. Lediglich bei der Selbstpräsentation scheint dies konkret möglich zu sein. Doch der Schein trügt.

17.1.1 Informationen über das Unternehmen

Häufig wird erwartet, dass sich die Bewerber auch mit dem Unternehmen selbst auseinandersetzen. Diesen Teil der Vorbereitung erleichtert die Liste mit den wichtigsten Basisinformationen, die auf diesen Absatz folgt. Recherchieren Sie diese Daten für jedes Unternehmen, bei dem Sie zu einem Assessment Center eingeladen werden. In Kombination mit der bereits angesprochenen Zeitungs- und Fachzeitschriftenlektüre sowie der Recherche auf den Internetseiten des Unternehmens erarbeiten Sie sich damit eine solide Basis.

- Wirtschaftliche Rahmendaten, zum Beispiel:
  - Mitarbeiterzahl
  - Hauptsitz
  - Jahresumsatz
  - Unternehmensform
- Struktur und Aufbau des Unternehmens:
  - Vorstand und Hierarchie
  - Tochterfirmen, Fusionen, abgeschlossene Übernahmen
  - Abteilungen

- Firmenstandorte
- Unternehmensphilosophie
- Nationale und internationale Ausrichtung
- Geschäftsfelder, Produkt- und Servicepalette
- Konkurrenz
- Rand- und Eckdaten der Branche
- Engagement des Unternehmens in anderen Bereichen
- Expansionsbestrebungen
- Geplante Übernahme durch andere Firmen?

17.1.2   Anreise, Unterkunft und Verpflegung

Alle notwendigen organisatorischen Informationen über das Assessment Center erhalten Sie in der Regel mit der Einladung zum Auswahlverfahren. Die Kosten für Anreise, Unterkunft und Verpflegung übernimmt für gewöhnlich das Unternehmen auf, das Sie eingeladen hat, allerdings muss das nicht so sein. In manchen Fällen müssen die Bewerber für die Anreise selbst aufkommen. Falls der potenzielle Arbeitgeber Sie darüber nicht informiert, sollten Sie sicherheitshalber in der Personal- bzw. Recruitingabteilung nachfragen. Dort wird man Ihnen alle Einzelheiten mitteilen können.

Um die Organisation der Anreise müssen Sie sich in der Regel selbst kümmern. Hier ist Zeitmanagement und Organisation gefragt.

- Nehmen Sie sich für die Planung der Reise genügend Zeit.
- Buchen Sie Flugtickets oder Bahnfahrkarten rechtzeitig.
- Lassen Sie sich bei der Anreise mit dem Auto die Anfahrt und eine Alternative dazu von einem Routenplaner berechnen.
- Kalkulieren Sie Staus sowie Verspätungen von Flügen oder öffentlichen Verkehrsmitteln bei der Planung ein. Bauen Sie dafür einen zeitlichen Puffer ein.
- Vergewissern Sie sich, dass Sie die exakte Zieladresse kennen und bei sich haben.
- Schlafen Sie ausreichend. Wenn Sie übermüdet zum Assessment Center kommen, können Sie meist nicht Ihre Höchstleistungen abrufen. Das ist aber notwendig, wenn Sie den Job haben wollen.
- Tragen Sie ordentliche und der Position entsprechende Kleidung und Schuhe. Die Schuhe sollten frisch geputzt sein und keine abgelaufenen Absätze haben.

ACHTUNG

Zum Abschluss: Haben Sie das richtige Verhalten bzw. Auftreten für ein Assessment Center verinnerlicht?

- Treten Sie überzeugend und offen auf, aber nicht überheblich.
- Äußern Sie sich stets klar und sachlich. Denken Sie ggf. kurz nach.
- Bilden Sie kurze Sätze. Schweifen Sie nicht vom Thema ab.
- Sprechen Sie langsam und überlegt.
- Hören Sie Ihrem Gegenüber aufmerksam zu.
- Schauen Sie Ihr Gegenüber stets an. Halten Sie Augenkontakt.
- Bleiben Sie stets ruhig, auch wenn Sie provoziert werden.
- Gehen Sie offen und interessiert mit allen Anwesenden um.
- Gehen Sie auf die Argumente der anderen ein.
- Argumentieren Sie sachlich, rational, logisch und nachvollziehbar.
- Achten Sie auf Ihre Mimik und Gestik.
- Achten Sie auf die Reaktionen und Signale der anderen.
- Versuchen Sie, in Stresssituationen Ruhe zu bewahren.
- Nutzen Sie Pausen, um wieder zur Ruhe zu kommen.

18 Erfahrungsberichte

Es ist eine Sache, sich theoretisch und mit allerlei Übungsaufgaben auf ein Assessment Center vorzubereiten. Wie sich ein solches Auswahlverfahren tatsächlich auf die eigene Psyche auswirkt, welcher Druck entsteht und wie man damit umgeht, das weiß jeder Einzelne erst dann, wenn er oder sie ein Assessment Center mit allen Höhen und Tiefen selbst durchlaufen hat. Einen kleinen Einblick in das Innenleben von betroffenen Kandidaten können Sie an dieser Stelle anhand von zwei Erfahrungsberichten gewinnen.

18.1 Assessment Center bei einer Unternehmensberatung

Pünktlich um 6:30 Uhr klingelt der Wecker. So, jetzt aufstehen, versuchen etwas zu frühstücken und vor allem: Ruhe bewahren. Heute ist nämlich ein besonderer Tag. Ich nehme an meinem ersten Assessment Center bei einer Unternehmensberatung teil und bin schon ziemlich nervös. Natürlich habe ich mich schon vorab über den Ablauf solch eines Tages informiert und mich bei Freunden umgehört. Mit gemischten Gefühlen mache ich mich auf den Weg. Bloß nicht zu spät kommen. Im Kopf gehe ich noch mal durch, auf was ich an dem Tag alles achten will: ins Team einbringen, nicht zu ruhig sein aber auch nicht zu viel sagen. Hängt natürlich auch alles von meinen Mitbewerbern ab. Wie werden die wohl sein?

Je näher ich dem Office komme, desto nervöser werde ich. Kurz bevor ich mein Ziel erreiche, kontrolliere ich noch mal meine Klamotten. Der erste Eindruck ist halt doch wichtig, denke ich mir. Noch einmal tief durchatmen und rein geht's. An der Rezeption wird mir gesagt, dass ich noch etwas warten muss. Nun sehe ich zum ersten Mal meine Mitbewerber. Hoffentlich ist einer dabei, mit dem ich mich etwas unterhalten kann. Nun hat die Gruppe der Wartenden mich auch gesehen und mustert mich, wie ich auf sie zukomme. Nach einem kurzen gegenseitigen Bekanntmachen verbringen wir die nächsten 20 Minuten mit Smalltalk. Ich fühle mich gleich sehr wohl in der Gruppe. Schnell wird klar, dass die anderen genauso unsicher sind. Meine Nervosität legt sich langsam.

Um 8:45 Uhr werden wir von einer Recruiting-Mitarbeiterin abgeholt und in einen Seminarraum geführt. Die Stimmung ist sehr nett, die Personaler sind bemüht, eine angenehme Atmosphäre zu schaffen. Uns wird kurz erklärt, wie der Tag ablaufen wird. Zunächst gibt es eine kurze Präsentation über das Unternehmen. Danach werden alle Bewerber in Gruppen eingeteilt, mit denen sie dann jeweils ein Projekt bearbeiten sollen. Die Gruppen wiederum werden von einem Personaler und einem Manager durch den Tag begleitet und beobachtet. Jeder Bewerber muss in seiner Gruppe eine Aufgabe selbstständig bearbeiten. Die Ergebnisse dieser Einzelaufgaben werden zunächst der eigenen Gruppe präsentiert, dann zusammengefügt und in einer abschließenden Präsentation dem Kunden, also in diesem Fall einem Partner der Beratung, vorgestellt.

In meiner Gruppe sind alle sehr nett und wir kommen auch schnell zu einem Plan, wie wir diese Aufgabe angehen wollen. In den ersten paar Minuten dieses Kick-off-Meetings merkt man schon, dass alle versuchen, vor dem Personaler und dem Manager eine gute Figur zu machen. Doch nach ein paar Minuten haben wir die Anwesenheit der beiden fast vollends vergessen. Nachdem wir uns über die Herangehensweise an die Aufgabe einig geworden sind, machen wir uns alle an unsere Einzelaufgaben, für die wir eine Stunde Zeit haben.

Meine Nervosität, die die letzten zwei Stunden wie weggeblasen war, ist wieder voll da, als ich mir meine Aufgabe anschaue. Ich versuche mich zu beruhigen, atme tief durch und fange an, die Aufgabe zu lesen. Nach dem ersten Durchlesen ist mir nicht ganz klar, was ich machen soll. Das trägt natürlich nicht wirklich dazu bei, ruhiger zu werden. Nachdem ich nun schon fast die Hälfte meiner Zeit mit Lesen verbummelt habe, steigt langsam, aber sicher Panik in mir auf. Ich fang an zu rechnen, ohne tatsächlich zu wissen, was ich rechne. Die Zeit läuft mir weg. Noch fünf Minuten, bis ich mein Ergebnis meinem Team präsentieren soll. Doch ich habe leider nichts vorzuweisen. Die Zeit ist vorbei, unsere Aufgabenblätter werden von den Recruiting-Mitarbeitern eingesammelt.

Zu diesem Zeitpunkt ist mir eigentlich schon klar, dass ich keine Chance mehr habe. Ich laviere mich mit meinen Pseudoergebnissen durch meine Präsentation, doch was will man schon groß sagen, wenn man nicht wirklich zu einem Ergebnis gekommen ist?

Um kurz nach zwölf haben wir eine kurze Mittagspause. Die ist für mich auch nötig, da ich mit meinen Nerven nun wirklich am Ende bin. Ich bekomme ein paar aufmunternde Worte von den anderen Bewerbern und auch von dem Manager. Nach der Pause führen wir in den einzelnen Gruppen unsere Ergebnisse zusammen. Obwohl ich weiß, dass ich eigentlich keine Chance mehr habe, versuche ich noch mal, mich so gut wie möglich einzubringen. Die Zusammenarbeit mit den anderen macht auch wirklich Spaß.

Um 15:00 Uhr beginnt dann die Präsentation vor den anderen Gruppen, den Managern und dem Partner, der den Kunden spielt. Unsere Präsentation läuft relativ gut, außer dass sie zu lang ist und wir deshalb nicht mehr zu unserem Schluss und damit der Empfehlung für den Kunden kommen. Nachdem auch die anderen Gruppen präsentiert haben, ziehen sich die Personaler und Manager zurück und beraten, wem sie ein Angebot machen werden. Während dieser Zeit haben wir die Gelegenheit, einem Berater Fragen zu seiner täglichen Arbeit, zu den Vor- und Nachteilen dieses Berufs und der Beratung zu stellen.

Nach ungefähr einer Stunde ist es dann soweit. Einzeln werden wir zu den Personalern und Managern gerufen, die uns den ganzen Tag über beobachtet haben. Auch wenn ich meine Hoffnung aufgrund des schlechten Rechenergebnisses schon fast aufgegeben habe, denke ich trotz allem insgeheim, dass es vielleicht doch noch mit einem Angebot klappt. Das Gespräch verläuft sehr nett. Mir wird gesagt, was den Beobachtern sehr gut an mir gefallen hat und natürlich auch was weniger gut war. Leider ist das Ergebnis, dass meine Persönlichkeit zwar gut zu der Beratung passen würde, doch konnte das Unternehmen mir wegen meiner schlechten Leistung bei der Einzelaufgabe leider kein Angebot machen.

Auch wenn ich fast damit gerechnet hatte, bin ich nun trotz allem sehr enttäuscht. Mich ärgert vor allem, dass ich eigentlich ein recht gutes Feedback bekommen habe, mir das alles aber nichts bringt und es meinen Blackout bei der Aufgabe einfach nicht wettmachen konnte. Immerhin kann ich mich damit trösten, dass es zumindest nicht an meiner Persönlichkeit lag, das wäre sicher viel schwieriger zu ändern.

Enttäuscht und traurig mache ich mich auf den Heimweg und ärgere mich weiter über mich selbst. Auch wenn der Tag nicht wirklich gut für mich endete, so muss ich doch sagen, dass er trotz allem Spaß gemacht hat. Überrascht war ich vor allem von der sehr netten Atmosphäre, die sowohl von den Mitarbeitern bei der Beratung als auch von den anderen Bewerbern ausging. Auch wenn die Manager und Personaler den ganzen Tag um uns herum waren, habe ich mich nie wirklich beobachtet gefühlt, was vermutlich aber auch daran lag, dass ich den ganzen Tag mit Aufgaben beschäftigt war. Alles in allem war es auf jeden Fall eine interessante Erfahrung, bei der ich auch einiges über mich selbst lernen konnte.

18.2 Assessment Center bei einem deutschen Automobilhersteller

Mein Assessment Center glich einem Lehrbuchbeispiel. Eine Personalerin und drei Bereichsleiter bildeten das Recruiting-Team. Zu besetzen waren mehrere Positionen, ich war einer von insgesamt sieben Bewerbern. Die offenen Stellen waren eigentlich für Maschinenbau- oder Wirtschaftsingenieure ausgeschrieben, meine Chancen als Wirtschaftswissenschaftler waren also von meiner Qualifikation ausgehend eher unterdurchschnittlich. Wahrscheinlich war das auch der Grund, warum ich relativ unangespannt in das Assessment Center ging und es mehr als ein Lernbeispiel und als Übung ansah.

Nach einer kurzen Vorstellung der Mitarbeiter wurden die zu besetzenden Stellen samt den gesuchten Qualifikationen kurz beschrieben, anschließend sollte sich jeder Bewerber kurz vorstellen. Danach wurde die erste von insgesamt drei Aufgaben vorgestellt: ein Rollenspiel. Jeder Bewerber sollte sich in die Rolle eines Abteilungsleiters versetzen und im jährlichen Bewertungsgespräch mit anderen Abteilungsleitern einen seiner Mitarbeiter für eine Beförderung durchsetzen. Jedem Bewerber standen als Material die Profile und Lebensläufe der Kandidaten zur Verfügung. Die individuelle Vorbereitungszeit war mit zehn Minuten, die Diskussion mit 30 Minuten angesetzt.

Die zweite Aufgabe bestand darin, eine Werbekampagne zu entwickeln. Ziel war es, das Unternehmen bei Studenten attraktiver aussehen zu lassen, um mehr Bewerber anzulocken. Die individuelle Vorbereitungszeit hier war 15 Minuten, danach folgten 30 Minuten Diskussion der Ideen und die Auswahl eines Vorschlags.

Neben den individuell erarbeiteten Ergebnissen prüften die Mitarbeiter bei den ersten beiden Aufgaben vor allem die Durchsetzungsfähigkeit der Kandidaten, unser Diskussionsverhalten und unsere Argumentationsfähigkeit sowie die Fähigkeit, als Team eine Lösung herbeizuführen. Dabei wurde zusätzlich darauf geachtet, ob einzelne Bewerber Moderations- und Führungsqualitäten zeigten.

Die dritte Aufgabe war eine individuelle Präsentation zu einem vorgegebenen Thema. Dafür standen uns 20 Minuten Vorbereitungszeit zur Verfügung, für die individuelle Präsentation fünf Minuten plus fünf Minuten für Fragen und Antworten.

Nach den einzelnen Aufgaben zogen sich die Mitarbeiter zur Beratung und Bewertung der Bewerber zurück. In diesen Pausen wurde unter den Bewerbern immer wieder diskutiert, wie man auf welche Prüfer gewirkt hat. Jede Geste und Mimik wurde bis ins kleinste Detail analysiert und interpretiert — mit dem Ergebnis, dass alle nervöser wurden und versuchten, den tieferen Sinn hinter den Aufgaben zu suchen und zusätzlich herauszufinden, auf welche Fähigkeiten und Verhaltensweisen die Prüfer besonders achten bzw. Wert legen.

Das endgültige Feedback wurde den Kandidaten nach allen drei Aufgaben individuell gegeben. Drei Kandidaten wurden nach den ersten drei Aufgaben bereits ein Jobangebot gemacht, ich war einer davon. Die anderen wurden in Einzelinterviews weiter geprüft.

Für mich war vor allem lehrreich, dass nicht unbedingt die durch das Studium erworbene Qualifikation wichtig im Assessment Center ist, sondern vielmehr die sozialen Kompetenzen, etwa in Teams arbeiten zu können oder in Diskussionen offen und sympathisch zu wirken. Und auch die Fähigkeiten, in Situationen, in denen man unter Beobachtung sowie Leistungs- und Zeitdruck steht, zielstrebig zu agieren.

Wie eingangs erwähnt, war ich relativ entspannt und habe dieses Assessment Center als Test gesehen. Genau auf diese Lockerheit haben die Prüfer sehr positiv reagiert, wie ich im Feedback erfahren habe. Eine Standardaussage, aber es stimmt: Man sollte sich in Assessment Centern nicht verstellen, sondern versuchen, entspannt zu sein und man selbst zu bleiben. Versuchen zu erkennen, welche Verhaltensweisen die Prüfer suchen und wollen, und sich dementsprechend zu verhalten, bringt nicht den erwünschten Erfolg. Alle Mitbewerber, die dieser Strategie folgten, sind an diesem Tag eher gescheitert.

Die Autorin

Jasmin Hagmann ist freie Journalistin und Autorin zahlreicher Bewerbungsratgeber. Seit über zehn Jahren berät sie Bewerber rund um den Bewerbungsprozess.

Stichwortverzeichnis